C000291976

Beytrage Zur Topographie Des Konigreichs Ungern

Samuel Bredetzky

In the interest of creating a more extensive selection of rare historical book reprints, we have chosen to reproduce this title even though it may possibly have occasional imperfections such as missing and blurred pages, missing text, poor pictures, markings, dark backgrounds and other reproduction issues beyond our control. Because this work is culturally important, we have made it available as a part of our commitment to protecting, preserving and promoting the world's literature. Thank you for your understanding.

I.

Briefe über die Karpathen.

Einleitung.

Gegenwärtige Briefe rühren von drey verschiedenen Verfassern, deren jeder diesen, in mehr als e i n e r Rücksicht für Ungern wichtigen Gegenstand, von einer besondern Seite betrachtet. Ich muß gestehen, daß mich dieser Zufall sehr angenehm überraschte, und glaube mich berechtigt, zu hoffen, er werde meinen Lesern nicht minder angenehm seyn. Jeder von ihnen behauptet seine Individualität, und beurkundet dieselbe durch die eigene Ansicht, die er jenem erhabenen Gegenstande abgewinnt.

Ich kann mich nicht enthalten, beyläufig einer, mit diesen Briefen verwandten, beynahe ganz unbekannt gebliebenen Abhandlung:

über die Witterung in der Zips, besonders unter
den karpathischen Alpen. Von Thomas Mauksch,
(ehemahligem) Prediger in Schlagendorf. Wien
1795. kl. 8. 83 Seiten,

zu erwähnen, die ihr Schickfal gewiß nicht ver-
diente.

Der Verfasser, ein vieljähriger Beobachter
dieser gebirgigen Gegend, sagt viel Treffendes
über diesen Gegenstand, und derjenige, der sich
mit der Zips bekannt machen will, sollte diese
kleine Schrift nicht ungelesen lassen. Nur hüte
er sich, durch diese Schilderung verleitet, die ge-
dachte Gegend für ein zweytes Siberien, oder
für einen Tummelplatz stürmender Winde und scha-
denbringender Fröste zu halten. Wer einen schönen Tag nur in den niedern Gegenden Ungerns
gesehen hat, kennt die Reize desselben nur halb.
So hell und klar lacht an keinem andern Orte
der Himmel, so rein und ätherisch wehen nirgends
die Lüfte, so majestätisch sinkt nirgends die Sonne zu den Gegenfüßlern hinab, als es hier geschieht, wenn sie sich allmählich hinter die dunkle Karpaths = Spitze senkt, und ihre prächtigen
Strahlen gegen alle Seiten des Himmels verbreitet. Der schönen Tage mag es immer nicht so

viele, als in andern Gegenden Ungerns geben, wenn nur diese — und dafür hat der Schöpfer gesorgt — an Schönheit den Verlust ersetzen.

Auf der 65. Seite meint der Verfasser der erwähnten Abhandlung: "daß keine Original-Köpfe im Fache der Wissenschaften aus der Zips entsprossen wären." Diese Behauptung scheint mir ungerecht zu seyn. Zipsen hat in mehreren Fächern Männer aufzuweisen, die nicht nur mehr als bloße Nachbether sind, sondern die auch mit eigener Kraft für die Erweiterung einzelner Wissenschaften thätig mitwirken, und bereits nicht ohne Erfolg mitgewirkt haben.

Allgemeine Urtheile über unbekannte Völkerhaufen sind immer nur halb wahr, und, wenn sie nicht mit Beyspielen motivirt werden, für den Leser beynahe ohne alles Interesse. Es ist daher immer eine mißliche Sache, über ganze Nationen ein Urtheil zu sprechen, welche nur wenige, gewöhnlich in ihren äußern Verhältnissen liegende Züge, die sich von dem Individuellen schwer heraussuchen lassen, gemein haben. Dagegen ist dasjenige, was der Verfasser von der Entstehung und den Eigenschaften der in Zipsen einheimischen Winde sagt, lesenswerth und gut auseinander gesetzt. Die Bemerkungen des Verfassers würden ohnstreitig mehr wissenschaftliches Interesse bekommen, wenn es ihm gefallen möchte, mehr auf den Thermometer und Barometer Rücksicht zu nehmen.

Briefe.

a) An den Herausgeber des Taschenbuchs für Ungern. Von Gregor von Berseviczy.

Topographische
Beschreibung des Kohlbacher Thals.

Lomniz den 10. July 1800.

Ich habe die Ankündigung Ihres Taschenbuchs für Ungern mit inniger Theilnahme gelesen. Schön ist Ihr Zweck, den Sinn für die Kenntniß und Benutzung unserer vaterländischen Natur zu wecken und zu vermehren, die so schön, so kraftvoll und üppig in ihrer Anlage ist. — Ich wünsche Ihrer Unternehmung den glücklichsten Fortgang. Wenn diese Gattung von Kenntnissen die unschuldigste, angenehmste und nützlichste Beschäf-

tigung gewährt: so ist zugleich der erwünschte
Fortgang einer solchen Unternehmung ein sicheres Zeichen, daß die National-Kultur sich wohlthätig entwickelt. — Aufgeschreckt durch die er-
schütternden Begebenheiten der Zeit, verweilt der
menschliche Blick gerne bey der Betrachtung der
schönen, ordnungsvollen Natur, und die Ver-
breitung dieser Art Kenntniße wird nebst dem Nutzen auch erquickend.

Ich wohne hier unter der höchsten Spitze der
Karpathen. An dem großen herrlichen Anblick
dieser majestätischen Bergkette, welche Ungern
in einem halben Cirkel die convexe Seite zukehrt,
labe ich mich mit immer neuem Vergnügen; und
wenn ich im Sommer meine gewöhnliche Karpathen-Reise, meistens in Gesellschaft einiger Freunde, die mir in dieser Absicht die Ehre ihres Be-
suches schenken, unternehme: so ist dieß eine heilige Wallfahrt für mich.

Freylich gehört zum vollkommenen Genuß einer Karpathen-Reise Mineralogie und Botanik:
ich bin weder Mineraloge, noch Botaniker. Mit
bereitwilliger Gefälligkeit füllen diese Lücken meine Freunde, Hr. Pfarrer Maukfch zu Schlagendorf, der die richtigste und ausgebreitetste Kennt-

niß von unsern Karpathen beſitzt, und Hr. Pro-
feſſor Asboth zu Késmark, ein vorzüglich ge-
ſchickter Phyſiker und Mineraloge. Gewöhnlich
machen wir unſere Karpathen = Reiſe mit einander.
Letzterer hat ſich vorgenommen, Ihnen eine Beſchreibung des Thals, Kopperſchächtner genannt,
mitzutheilen; ich werde eine Beſchreibung des
Kohlbacher Thals zu liefern verſuchen.

Dieſe zwey Thäler umgeben die höchſte Erhebung der Karpathen, die Lomnitzer Spitze, welche in den ältern Geographien als Késmarker Spitze unrichtig angeführt wird; weil ſie auf dem
Lomnitzer Gebiete ſteht, und wir ſie, kraft einer
uralten Schenkung vom Anfange des XIII. Jahrhunderts, in unſerm Berſevicziſchen Familien-
Wappen führen.

Aus dem Kohlbacher Thale fließt der Kohlbach,
und dieſer ſtarke, reißende Bach — der kahle
Bach genannt, weil er wegen des ſtarken Auf-
ſchutts von Steinen, kahle Ufer hat — wird dem
Thale den Namen gegeben haben. Eine kleine
Stunde von der Erhebung des Fußes der Karpathen liegt Altwaltdorf, an dem Kohlbache, welches, ſo wie die meiſten Örter dieſer unterkar-
pathiſchen Gegend, von Deutſchen bewohnt wird.

Die Formation des Kohlbacher Thals muß sehr gewaltsam vor sich gegangen seyn, denn alles trägt die Spuren einer mächtigen Erschütterung an sich. Ein hoher Rand läuft vom Eingange des Thals, längst des herausströmenden Bergstroms, bis an den Fluß Poprad, ungefähr eine Meile weit, hinab. Das Thal selbst ist ein ungeheurer Riß in der aufgethürmten Masse von Granit und Quarz, der das Wilde, Rauhe und Zackichte eines Risses ganz behalten hat.

Eine Viertel-Meile ober Altwaltdorf kommt man an einen Hügel, der ein Berg wäre, wenn er nicht am Fuße der Karpathen läge. Hier ist es wohl schon besser, den Wagen zurück zu lassen, und die Reise zu Fuß anzutreten, denn es geht nun steil hinauf, über losgerissene Felsenstücke und Anhöhen. Zwar könnte man auf Bauer-Pferden, die es gewohnt sind, ohngefähr eine Stunde nach fortreiten, allein es ist angenehmer und lehrreicher, zu Fuße zu gehen.

Oben auf dieser ersten Erhöhung lenkt man links an den Rand des Kohlbachs ein, und sieht ein großes, tiefes Bassin zu den Füßen, welches in der Mitte von dem Kohlbache durchschnitten wird, und bis auf den Ein- und Ausfluß dieses

Waldstroms mit einem steilen, hohen Rande ein=
gefaßt ist. In der Schweiz würde man in dieß
große Bassin Mayereyen gebaut, und den Bo=
den zum Ackerbau verwendet haben. Es liegt
gegen Mittag, und ist von Norden durch die Kar=
pathen geschützt. Der hohe Rand concentrirt die
Sonnenstrahlen, und, obgleich der Boden sehr
steinigt ist, so formirt sich doch, durch das Her=
abschwemmen des Wassers und die faulenden Pflan=
zen eine fruchtbare Erde im Thale. Diese Be=
merkung gilt von vielen Thälern der Karpathen,
die groß und meilenlang ausgedehnt sind, unten
guten Boden, schönes Gras haben, zur Viehzucht
ganz geeignet, auch für den Ackerbau empfäng=
lich wären, wenn man sie von den herabgerollten
Felsen reinigen könnte. Dieß ist der Unterschied
zwischen den Schweizer Alpen und unsern Karpa=
then: daß dort in den Thälern Bergstraßen sind,
und, wo nicht Dörfer, doch Mayereyen zur
Viehzucht angelegt werden; hier aber alles
wüste liegt, und kaum ein paar Monathe im Jah=
re der Zugang in die Hunderte von unermeßlichen
Thälern der großen Karpathen=Masse frey ist,
die zwischen den Komitaten Zipsen, Liptau, Ar=
wa und dem Königreiche Galizien liegen, und

den Bergkern dieses Theils von Europa bilden, aus welchem, nach allen Seiten hin, Bergketten wie Zweige fortsprossen, und Flüsse herabströmen.

Man geht nun weiter und kommt über den scharfen Felsen-Rücken, welcher von der höchsten Spitze bis an den Kohlbach herabläuft, an den Eingang des Kohlbacher Thals. Mit dem Tritt auf den Kamm des Bergrückens, stellt sich die erhabenste kolossale Ansicht dar. Das Thal zerfällt in zwey Theile, wovon das eine links das große, breiter und geräumiger, das andere rechts das kleine Kohlbacher-Thal, enger und wilder, in Ehrfurcht gebietender Majestät dastehen. Die Felsenwand, welche beyde Thäler scheidet, ist besonders rauh und imposant — es sind kahle Felsenspitzen ohne alle Vegetazion, abgezackt, hinter einander stufenartig sich erhebend, schräg zerrissen, in den keckesten Stellungen, selbst für Gemsen unzugänglich. — Den Eindruck, den diese Ansicht im Ganzen verursacht, könnte ich mit nichts vergleichen, als mit dem Anblick des Oceans.

Rückwärts hat man die schönste lachendste Aussicht, auf die ganze Poprader Gegend, die schon von dieser geringen Erhöhung wie eine Ebene sich darstellt, die, gleich einer Landcharte, mit Städten und Dörfern besetzt, und von den Aesten der Karpathen, den Gömörer, Schmölnitzer und Leutschauer Bergen umkränzt ist.

Sehr unangenehm wird dieß erhabene Gefühl durch den Anblick der ganz verwüsteten Waldungen am Fuße der Karpathen gestört. Der Compossessorats = Egoism und die daraus folgenden Unordnungen, sind Ursache, daß die Gemeinheiten sehr schlecht verwaltet werden, und folglich auch die Waldungen zu Grunde gehen müssen. Dieser Theil der Karpathen hatte Waldungen, die das Bild der Unendlichkeit darstellten. Wo vor einem Menschenalter undurchbringliches Gehölze war, die ungestörte Wohnung von Bären, Rehen, Luchsen und anderm häufigen Wild, wo man vor den mächtigen Tannen und Fichten kaum den Himmel erblicken konnte; da sind itzt kümmerliche Sträuche, die kaum einem Hasen oder Rebhuhn Zuflucht gewähren, die nun auch, weil in der Jagdbarkeit keine Ordnung ist, sparsam genug gefunden werden.

Die meisten Thäler der Karpathen sind sich darin gleich, daß sie mehr oder weniger breite Felsenschluchten sind, aus denen ein Bergstrom herabstürzt, und in deren Vertiefung Gras und Krummholz wächst. Da, wo sie sich erheben, und die Gebirgskette einschließen, enthalten sie einen oder mehrere Seen. Das Wasser derselben, welches von den Felsenwänden immerfort herabsickert, und sich unten in der Vertiefung sammelt, ist hart und köstlich. Einige dieser Seen haben eine beträchtliche Tiefe; es liegen herabgerollte Felsenstücke von der Größe kleiner Häuser darin, welche ganz mit Wasser bedeckt sind, und die man wegen der Klarheit und Durchsichtigkeit des Wassers deutlich sehen kann. Sie versiegen auch im dürrsten Sommer nicht, versehen die starken Bergströme immer mit Wasser, welches ihnen von den höchsten Felsenspitzen herab beständig zuträufelt. Die Erklärungen dieses Wasserreichthums in dieser Gebirgshöhe sind, ich gestehe es, wenigstens für mich, nicht ganz befriedigend; ob ich gleich einsehe, daß die natürliche Kälte der Felsen, und der Wechsel der Luft viel Feuchtigkeit erzeugen kann.

Von den Fortschritten, welche die Chemie in unsern Zeiten macht, ists zu erwarten, daß man auch dieses Problem bald gründlich werde lösen können.

Das kleine Kohlbacher = Thal ist interessanter,
als das größere; ich will Sie in dasselbe hin=
einführen. Wir werden gleich am Eingange eine
schwere Passage haben, und nebst den Füßen auch
die Hände brauchen müssen, um hinaufzukommen.
Die Bauern nennen diesen Ort das Trepp=
chen. Gleich oberhalb ist der schönste, obgleich
nicht höchste Wasserfall dieses Thals. In gera=
der Linie mit jener rauhen zackichten Felsenwand,
welche zwey Thäler scheidet, drängt sich der Kohl=
bach, zwischen zwey Felsenmassen eingeengt, ge=
waltig hindurch, schießt an der einen Felsenwand,
die von dem Wasser abgeschliffen, gleichsam po=
lirt erscheint, ohngefähr zwanzig Klafter hinab,
in eine Vertiefung, aus welcher ein abgerundeter
großer Felsenblock emporragt. Über diese Felsen=
masse muß sich das Wasser wieder schäumend
hinüber wälzen, und dann wieder einige Klafter
herabstürzen. Das Wasser wird durch die Hef=
tigkeit des Falls in einen feinen Dunst aufgelöst,
der hinaufperlt, und alles unmerklich durchnässet.
Nur an einem Orte des linken Ufers ist dieser
Wasserfall dem erstaunten Zuseher zugänglich,
und vermuthlich ist dieß die Ursache, warum ich
den sonst in Dünsten gewöhnlich sich bildenden

Regenbogen hier keinmal beobachten konnte. Als ich das vorleztemal dabey war, fand ich eine hinabgerissene Tanne durch die Gewalt des Stroms am Wassersturz eingepreßt; dieß verursachte einen Wasserbogen von einer prächtigen Wirkung, und vermehrte das betäubende Getöse des schäumenden Wassers. Das leztemal fand ich die Tanne nicht mehr, sie muß durch die Gewalt der Fluth durchbrochen und herabgeschwemmt worden seyn.

Diese Partie ist schauerlich schön. Höher hinauf, am Ende des Waldes, öffnet sich eine stille, einfach große Aussicht. Im Grunde des Thals erblicket man üppiges Gras und Krummholz (pinus pumilio), welches sich zum hohen Nadelholz so verhält, wie der Weidenbusch zum Weidenbaum, die kolossalen Felsenwände ganz nackt, ohne alle Vegetazion, die Luft rein und ätherisch, man athmet leichter und freyer, und ein Gefühl, der Ehrfurcht erregenden Hoheit des Orts ganz angemessen, ergreift unwillkührlich die Seele.

Man wird müde bis man hieher kommt, und der bloße Reise-Dilettante könnte von hier umkehren, denn die Ansicht des Thals, welches noch auf ein paar Stunden sich weiter fortdehnt, bleibt

bis auf einige kleine Abänderungen die nämliche;
allein auch der minder Neugierige fühlt sich zu
sehr angezogen und begeistert, als daß er schon
an den Rückweg denken sollte; und ich habe noch
keinmal erfahren, daß auch die Schwächsten,
wenn sie durch das Steigen bis hieher noch so
sehr entkräftet schienen, umgekehrt wären.

Hier war es, wo bey einer Karpathen-Wall-
fahrt, die ich in großer Gesellschaft machte —
wir waren mit Dienern und Bauern, die Pro-
viant, Wein, Mäntel, Flinten trügen, über
20 — uns im Krummholz ein Bär entgegen
kam. Der unerwartete Anblick dieses Thieres
machte auf die Gesellschaft einen verschiedenarti-
gen, possierlichen Eindruck; wir hatten nur vier
Flinten; auch die nur mit Schrott geladen; aber
die Bestie war doch ungeschickt genug, sich todt-
schießen zu lassen.

Auf der rechten Seite des Thals kann man
zur höchsten Karpathenspitze hinaufsteigen; aber der
Aufgang ist schwer und gefährlich, er fordert eine
starke Brust und einen geübten Gänger. Man
muß an der steilen Felsenwand mit Händen und
Füßen hinaufkriechen, über einzelne große Felsen-
blöcke hinüberklettern, und tiefe Felsenspalten

überspringen; der Boden, ist nicht fest, er brö-
ckelt und rollt unter dem Tritt, worauf besonders
diejenigen, welche vorangehen, Acht geben müssen, damit die Hintern durch die rollenden Steine nicht beschädigt werden. Wer Anlage zum
Schwindel hat, vermeide es ja, an diesem Ort
hinabzusehen. Es ist ein schauerliches Gefühl,
den Abgrund von spitzen und zackigen Felsen in
einer solchen Höhe unter sich zu erblicken, die,
wenn man hinabfiele, den Körper ganz zerschmet-
tern würden.

Auf diesen Höhen ist man auch einem andern
unangenehmen, gefährlichen Umstande ausgesetzt,
daß man nämlich, auch bey der heißesten Witterung, unvermuthet von Nebel, Regen, Wolken,
Strich-Winden überfallen werden kann, welche
Veränderung der Atmosphäre gewöhnlich von einer Kälte begleitet wird, die den durch das viele
Steigen und Klettern erhitzten Körper mit Einem-
mal ganz erstarren macht. Man muß dann in
Mäntel gehüllt auf der Stelle bleiben, und ab-
warten, bis die Finsterniß aufhört und die Wolken sich verziehen. Gegen Abend sich auf diese
Höhen hinaufzuwagen, wäre gar nicht rathsam,
weil man in einem solchen Falle die ganze Nacht

ohne Feuer und Schutz gegen Wind und Regen
es dort kaum aushalten könnte. Kein Holz,
kein Gras ist vorhanden, und das Herabsteigen
ist gefährlicher als das Hinaufsteigen. Eine der
überraschendsten und erhabensten Erscheinungen ist
es hier, sich über die Wolken erhaben zu sehen,
und oft Sonnenschein in dem Augenblick zu genießen, in welchem es unter den Füßen regnet,
donnert und blitzt. — Übrigens ist diese Lomnitzer Spitze unstreitig die höchste, und merklich
höher als der Krivan im Liptauer Komitate.

Das kleine Kohlbacher Thal krümmt sich von
der schroffen Erhebung der Lomnitzer Spitze etwas links, und wenn man über einen glatten
und hohen Felsen-Rücken, worüber der Kohlbach in mehreren Cascaden strömt, hinüber kömmt,
so erreicht man den See oder das Bassin, aus
aus welchem der Kohlbach fließt. Hier hört das
Getöse und Rauschen auf, welches im ganzen Thal
die vielen größeren und kleinern Wasserfälle ver-
ursachen. Ein Cirkel von schroffen, hohen Gra-
nit-Spitzen schließt das Bassin amphitheatralisch
ein. Hier herrscht die feyerlichste Stille, es umweht uns ätherische Luft, man sieht keine Vegetation mehr, nur das todte kolossalische Gerippe
un-

unsers Planetens, das viel tausendjährige Do-
kument der letzten Formation unsrer Erdkugel,
den erhabensten Altar, einen unermeßlichen Tempel des Unendlichen.

Ein ganzer Drittheil der Karpathen - Höhen,
ist purer nackter Granit- oder Gneuß- Felsen.
Die Klötze verwitterten Granits da oben, sind
die ältesten Diplome dieser Welt. Welch' eine
Reihe von Jahren wird nicht erfordert, um in
dem harten und festen Granit-Stein, durch die
leise Einwirkung der Luft, der Sonne und des
Regens, Feldspath und Glimmer aufzulösen?
Tiefer hinab im zweyten Drittheil der Karpathen
klebt hie und da Erde an den Felsen, aus welcher dürres Moos hervorkeimt, das durch ein gu-
tes Vergrößerungs - Glas, das herrlichste Gewebe
und die prächtigste Farben-Mischung darstellt.

Dann kömmt Krummholz mit fettem aroma-
tischem Gras, und verschiedene Gattungen des
Nadelholzes. Die Bäume im Thale haben gewöhnlich ihre Äste nur an derjenigen Seite, welche gegen den Eingang des Thales gekehrt ist.
Dieß wird vermuthlich durch die heftigen Wind-
striche, die aus den Thälern herauswehen, verursacht, oder es rührt vielleicht daher, weil dieß

die Südseite ist. Alles vegetirt an diesem Orte
um ein Paar Monate später, als auf dem flachen
Lande, so, daß hier eigentlich nie Sommer wird,
denn im Oktober ist schon wieder Winter.
Schnee giebt es in den Thälern ohnehin immer,
dann er fällt zu jeder Jahrszeit. Erst im nächst
vergangenen Jahre war den 17. July das Gebirge schon bis über die Hälfte mit frisch gefallenem
Schnee bedeckt.

Die Karpathen müßen bey ihrer Entstehung
viel höher gewesen seyn, woher kämen sonst die
herabgerollten Felsen-Massen, die in den Thälern in unermeßlichem Schutt aufgethürmt liegen? An den Bergrücken und Spitzen sind mächtige Spalten und Ablösungen; manche Blöcke von
der Größe eines Hauses, hängen so auf dem
Gleichgewichtspunkt, daß es wenig Mühe braucht,
sie zum Fallen zu bringen, was bey heftigem
Wind, Donner und Regengüssen auch von selbst
geschieht. Zuweilen lösen sich daher ganze Fel-
sen-Wände mit schrecklichem Getöse von den
Spitzen der Gebirge.

Die Bauern steigen viel in den Karpathen
herum, theils als Jäger um Gemsen und Murmelthiere zu schießen, theils als Pflanzen-Samm-

bey um Enzian, Rehwurz, Langenkraut, Nad
barbara und Bitterklee für die Apotheken zu ho-
len. Die Gemsen sind itzt nicht mehr so häufig
anzutreffen. Ehedem fand man 10 — 15 beysammen; jetzt nur 4 — 6, und auch dieß ist ein
seltner Fall. Eine weidet gewöhnlich ganz abgesondert von den übrigen, hält Wache, und
gibt, wenn sie Menschen bemerkt, durch einen
hohlsausenden Pfiff, ein Zeichen, worauf sich
alle mit einer erstaunlichen Geschwindigkeit über
die Felsen wegbegeben. Die Murmelthiere näh-
ren sich von Gras und Wurzeln, sind dick und
fett, graben sich mit ihren kurzen platten Füßen
zwischen das Felsen = Geschütt ein, und schlafen
den ganzen Winter. Der Laut, den sie von sich
geben, ist spitzig-pfeifend, und eben daher sehr
durchdringend.

Am Fuße der Karpathen ist viel Torf. Da
der Holzmangel hier sehr drückend wird, indem
itzt eine Klafter Holz viermal mehr als vor 50
Jahren kostet: so mache ich seit 3 Jahren Ver-
suche, den Gebrauch des Torfes wenigstens zum
Heizen und Brantweinbrennen — zwey große
Rubricken in der Zips — einzuführen. Diese
Versuche wollen noch nicht recht gelingen, es

B 2

giebt viele Hindernisse, welche ich aber, unter-
stützt von dem täglich fühlbarer werdenden Bedürfniß, zu überwinden hoffe.

Die beste Zeit, die Karpathen zu besteigen,
ist der Monat August, weil man in dieser Zeit
mit der größten Wahrscheinlichkeit auf heitere Tage rechnen kann.

Ich bin mit u. s. w.

Gregorius v. Berzeviczy.

b) An Hrn. Stephan Szelezky, Subconrector an der
Martins = Schule zu Braunschweig. — Von Johann Asbóth, Professor der Philosophie und Phy-
sik in Késmark *).

Topographisch = mineralogische
Beschreibung des Felsenkessels,

in welchem

der grüne See

auf den Karpathen eingeschlossen ist, und des Kop-
perschächter = oder des weißen Wasser = Thales,
das sich von dem grünen See bis zum Popperfluß bey Késmark fortzieht.

Erster Brief.

Als ich vor einigen Jahren in den südlichen
Gegenden meines Vaterlandes herumwanderte,

---

*) Gegenwärtig Professor und Wirthschaftsadmini-
strator am Gräflich = Festetichischen Georgikon zu
Keßthely im Salader Komitate.

habe ich Ihnen, mein unvergeßlicher Freund, die
fruchtbaren, mit Weinstöcken besetzten Hügel von
St. Andre und Ofen an der Donau, die reizenden Gebirge Sirmiens mit ihren schöngelegenen
griechischen Klöstern und ihrer herrlichen Aussicht
auf das jenseit des Save = Stromes liegende Ser-
vien, die getreidereichen Ebenen bey Török=Kanisa
an der Theiß im Banate und die nomadischen,
rings umher nur vom entfernten Horizont be-
grenzten Sandhaiden von Ketskemet in einer Reihe von Briefen geschildert.

Von meinem jetzigen Wohnorte, am Fuße
der Karpathen, habe ich der majestätischen Gegenstände, welche ich täglich vor Augen habe,
zwar schon öfters aber nur oberflächlich erwähnt.
Ich will nun versuchen, Ihnen von einer der in-
teressantesten Gebirgsscenen unserer Karpathen,
nämlich von dem grünen See, den Felsenthürmen, die ihn umgeben, und dem Thale, welches von demselben ausgehet, ein anschauliches
Bild zu entwerfen.

Die reinen Empfindungen der Freundschaft,
welche bey dem Gedanken an Sie mein Gemüth
immer mit einem sanft und ruhig flammenden
Feuer durchdringen, mögen aus ihrer süßen Be-

geisterung auch in die größtentheils todte Natur, die ich zu schildern habe, mehr Leben bringen!

Ich will meine Beschreibung mit dem Hauptgegenstande, dem Felsenkessel des grünen See's, anfangen, und dann das Thal, welches von jenem ausgeht, bis an die Popper verfolgen.

Unter den ungeheuren kahlen und zerrissenen Felsenmassen, die sich über - und neben einander größtentheils in conischer Gestalt, zum Theil bis zu einer Höhe von 13 bis 14 hundert Toisen über die mittelländische Meeresfläche, und etwa 11 — 12 hundert Toisen über den Boden von Késmark aufthürmen, liegen gegen alle Seiten der Karpathen mehrere Abgründe, zwischen welchen rund umher die Bergrücken sich an die mittlere höchste Masse der Karpathen anschließen, und von welchen die unmittelbaren Felsenthäler unserer Urgebirge, ihre Ströme gegen Westen in den Wagfluß, gegen Süden und Osten in die Popper, und so gegen Norden in den Dunajez fortleiten. Ein solcher Abgrund ist der Felsenkessel des grünen See's, der von Késmark in gerader Linie gegen Nord-West-West etwa 2 ½ geographische Meilen liegt, und zu dem man von hier nach einem bald sanftern, bald steilern Auf-

steigen, in 7 Stunden gelangt. Ich habe diese
wahrhaft schauerlich schöne Gegend schon öfters,
und beyde zum letzten Male in diesem Jahre den
8. May und den 8. Oktober besucht, so, daß ich
mich in Ihrer Gesellschaft leicht dahin versetzen,
und Ihnen das, was mir im Geiste so angenehm
und so lebhaft vorschwebt, anschaulich darstellen
kann. Mit einem unangenehmen Gefühle von
Entkräftung, welches durch das mühsame Aufsteigen verursacht wird, stelle ich mich an das
westliche Ufer des grünen See's hin. Ich habe
den See und die Aussicht in das eingeschlossene
Thal vor mir, und hinter mir und von beyden
Seiten die ungeheuren Felsen, von welchen der
grüne See in einem Halbkreise umgeben ist.
Ein frischer Trunk krystallreinen und klaren Wassers aus dem grünen See labet mich, und scheint
die auf dem beschwerlichen Wege verdunsteten
Säfte auf einmal wieder zu ersetzen. Eine rei-
nere, von den schweren und der Gesundheit schäd-
lichsten Dünsten der tiefern Athmosphäre befreyete
Luft umfließt mich; ich trinke sie mit leichten angenehmen Zügen; ihre belebenden Bestandtheile,
in reichem Maaße mit meinem Blute vereinigt,
machen, daß alle übrigen Merkmahle von Mü-

digkeit in mir verschwinden, und schenken meiner
organisirten Natur die Lebenskraft in einem hohen
Grade von Intenfion wieder.

Nun ist auch meine Seele auf dem erhabenen
Schauplatze, der meinen Körper so wohlthätig
und plötzlich erquicket, nicht mehr gleichgültig.
Aus ihrem schlummernden Staunen erwachend,
führen ihr die Sinne nach einander erhabene und
liebliche Gestalten zu, welche, schwesterlich in ein
andergeflossen, mir einen so herrlichen Genuß gewähren, der nur dadurch so viel an seinem Reize
verliert, daß er sich wenigen Erdbewohnern mittheilen läßt.

Vor mir breitet sich der grüne See aus, der
von dem meergrünen Lichte, das er zurückstrahlt,
den Namen hat. Sein Ufer ist mit losgerissenen
und in die Tiefe herabgeschleuderten kleineren und
größeren, zum Theil über 100 Centner schweren
Granitblöcken bedeckt, die theils frey liegen,
theils aus kleinerem Schutte und Gerölle hervorragen. Seinen Ausfluß begrenzen zwey kleine
sanftgewölbte und mit Krummholz bewachsene
Hügel. Über denselben ruht das Auge auf dem
Belaer uranfänglichen Kalkgebirge, unter welchem rechts der aus dem grünen See entstandene

Bergstrom in dem Kopperschächtnerthale gegen
Késmark hinabfällt.

Erhebe ich mein Auge rechts und links, und
rückwärts, so erblicke ich ungeheure Massen von
nackten Granitfelsen, welche sich in mannigfaltigen mächtigen, größtentheils 800 bis 900 Toisen hohen Spitzen und Kegeln, in einem steilen
Aufsteigen, das nahe an das Senkrechte grenzt,
zu dem prächtigsten Amphitheater der Natur erheben.

Gerade über mir mildert der blaue Schimmer des heitern Himmels die schauerliche schwarzgraue Farbe der ehrwürdigen Urwelt, und nur
an den höchsten Spitzen hängen zackige Wolken,
den zerrissenen Felsen, die sie umfließen, ähnlich.
Ferne von dem übrigen mannigfaltigem Gewässe der
Erde, durch eine ungeheure Felsenwand geschützt
vor den Stürmen aus Westen, herrscht in diesem Schoße der Karpathen eine feyerliche Stille
der Natur, welche nur das Geplätscher der von
einer Höhe von mehrern 100 Klafter über Klippen, und zum Theil unter einer Brücke von ewigem Schnee herabfallenden Wassers, zuweilen
auch durch das Gezwitscher einzelner Vögel, und

durch das durchdringende Pfeiffen der Murmelthiere und der Steinböcke unterbrochen wird.

Steige ich aus diesem Falsenkessel des grünen
Sees nach einem beschwerlichen und gefährlichen
Klettern von 5 bis 8 Stunden, hinauf zu den
höchsten Spitzen der Karpathen, so stehe ich auf
dem heiligen Boden der Natur. — Er ist keines
Menschen Eigenthum, wurde nie von einem Gränz-
pfahle berührt; ist, gleich einem unverletzbaren
Tempelplatz (Τεμενος) der alten Griechen, nur
der Gottheit allein gewidmet. Hier thront sie
zwischen Himmel und Erde auf der, zwischen beyden aufgestellten und beyde berührenden Gränze;
aus den Wolken, die ihren hohen Wohnsitz umfließen, tränkt sie das dürre, nach Regen schmach-
tende und seufzende Land, und nährt die entfernten Meere des Nordens und des Pontus. *)

Enthüllt sich auch dieser heilige Boden ganz
dem sterblichen Auge, so sehe ich von dem höch-

*) Der zum Theil auf den Karpaten entspringende
Waagfluß ergießt sich in die Donau, mit derselben in das schwarze Meer; und die ganz karpati-
schen Flüße Poprad (Popper) Dunaietz fließen mit
der Weichsel in das beynahe entgengesetzte Balti-
sche Meer.

ften Standpunkte zwischen den erwähnten zwey
Meeren die Erde unter mir; Berge steigen auf,
Hügel sinken nieder, und zwischen beyden öffnen
Thäler den Strömen ihren Lauf. Zipsen mit seinen Städten, Dörfern, Wäldern und Fluren,
und die benachbarten Gallizischen, Liptauer und
Gömörer Gebirge liegen vor mir wie eine kleine
Landschaft ausgebreitet. Mit bewaffnetem Auge
sehe ich von der einen Seite Krakau und die Ebenen von Pohlen, und von der andern Seite öffnet sich mir die freye Aussicht weit über Mischkolz
in das südliche Ungern.

Mehr, als die besten Fernröhre, schärfen
meinen Blick auf dieser begeisternden Stelle die
Freundschaft und die Dankbarkeit, und führen
meiner treuen Phantasie die reizendsten und lieb-
lichsten Gestalten zu. Über dem niedrigen Harz-
gebirge mit seinem hervorragenden Brocken, sehe
ich, theurer Freund, auch Sie im Schooße Ihrer Geliebten, schwermuthsvoll in unbefriedigter
Sehnsucht nach dem entfernten Vaterlande ver-
sunken.

Zweyter Brief.

Aus dem letztern Theile meines vorigen Brie-
fes sollten Sie fast glauben, daß ich selbst leib-
haftig auf dem höchsten Gipfel der Karpathen,
nämlich auf der Lomnitzer Spitze, gewesen bin.
Die Wahrheit muß Ihnen aber auch hier, wie
sonst so manchmal, den Glauben nehmen. Wohl
sehen meine Augen bey heiterm Wetter die höchste Spitze der Karpathen täglich; und auch Nachts
weilt meine Phantasie oft mit Vergnügen darauf,
und zeigt mir von diesem hohen Standpunkte mein
vergangenes Leben, meine entfernten Geliebten
und Freunde und die Scenen der Erde unter mir;
auch wollte ich diesen Sommer mit Freunden,
deren Gesellschaft karpathische Gebirgsreisen dop-
pelt angenehm zu machen pflegen, die Lomnitzer
Spitze besteigen; aber die ungünstige Witterung
hielt uns zurück.

Ich war also wirklich noch nicht da, und Sie
werden meiner Phantasie den kleinen Zusatz gern
vergeben, indem Sie an das, was Andere dort

wirklich gesehen haben, und jeder sehen kann, der hinaufsteigt, subjective Vorstellungen, die ich ohngefähr oben haben würde, anknüpfen.

Nun will ich Ihnen weiter beschreiben, was ich selbst öfter erfahren habe, und von meinem vorigen Standpunkte am grünen See die Felsengebirge und Felsenthürme, welche diesen See umgeben, nach ihren, bey uns Karpathen-Bewohnern von Alters her gewöhnlichen Nahmen näher bezeichnen. Von Osten oder von Késmark her, Ihals, stößt der sogenannte hintere oder große Ratzenberg an die hohe, den grünen See umgebende Felsengruppe. Er heißt der hintere oder große Ratzenberg im Gegensatze des vorderen oder kleinen Ratzenberges, welcher an jenen angrenzt, und sich mehr gegen den südlichen Fuß das karpathischen Gebirges hinunter zieht. Diese beyden zusammenhängenden Berge machen den Bergrücken des Kopperschächtner Thales aus. Sie bestehen, so wie überhaupt das ganze Felsengebirg rings um den grünen See und die meisten karpathischen See'n, aus purem Granit, der nur an einigen Orten durch Gänge oder Klüfte, welche durch eine andere Bergart und Erze ausgefüllt sind, unterbrochen wird.

Die Bildung beyder Rapenberge ist lange nicht
so zerrissen, als die der höhern karpathischen
Spitzberge; sie gränzt mehr an die sanftere Wöl-
bung der Ganggebirge. Der niedrigere Rücken
dieser Berge ist, so wie an andern Orten der
Karpathen, mit verschiedenen Arten von Nadelholz besetzt, nahmentlich mit Tannen, Fichten,
Kirbäumen, Rothbäumen (Pinus acer) und Lin-
bäumen (Pinus lembra) besetzt; höher hinauf
breitet sich Krummholz an der Oberfläche aus,
das ich weiter unten näher beschreiben werde; und
die höchsten Gegenden, besonders des großen Ra-
penberges, bieten dem Auge kahle Felsen dar.

An den großen Rapenberg schließen sich die
höchsten zwey Spitzen der Karpathen, nämlich
zunächst und unmittelbar die Késmarker Spitze,
und jenseits eines, ein Paar hundert Klafter tiefen konischen Felsenschuttes die Lomnitzer Spitze
an. Man hat ihnen auch den Namen Gabel
gegeben, weil sie, vorzüglich von da aus, wo
man in dem Kopperschächtner Thale heraufkommt,
gesehen, eine ungeheure Felsengabel darstellen.

Die Form der zwey Zacken selbst, so wie sie
über das übrige Felsengebirg hervorragen, ist ko-
nisch. Von diesen beyden Spitzen sieht man aus

dem Felsenkessel des grünen See's nur die kleinere, nämlich die Késmarker; die größere Lomnitzer, weil sie mehr nach der Aussenseite der Karpathen zu liegt, kann man von diesem Standpunkte aus nicht sehen. Die Felsenmasse nun,
auf welcher oben die Késmarker Spitze aufgethürmt ist, gewähret vom grünen See hinauf einen vorzüglich schauerlich erhabenen Anblick.

Die Felsen steigen von dem, mit großem
und kleinem Gerölle verschütteten Ufer des grünen See's, beynahe vertical, auf. Kein Gesträuch, keine Pflanze kleidet die steile Anhöhe derselben; an deren Stelle ragen hin und wieder
kleinere und größere Felsenzacken hervor, unter
welchen sich schon ziemlich hoch oben, etwa 300
bis 400 Klafter unter der höchsten Spitze, eine
Reihe von 5 Thürmen auszeichnet: einer davon
liegt mehr links gegen den großen Ratzenberg;
drey sind an der mittlern Anhöhe des großen Re-
gels neben einander, und der fünfte ist mehr rechts.

Hinter diesen 5 Thürmen, welche durch eine
ganze Reihe von Felsenzacken zusammenhängen,
ist ein Einschnitt in die steile Anhöhe des Haupt-
kegels, oder eine Felsenschlucht, welche sich seitwärts gegen Süden — aber immer sehr steil — bis

in

in den Felsenkessel des grünen See's herabkömmt.
In dieser Felsenschlucht nun hinter den erwähnten
drey mittlern Thüren, etwa 400 Klafter über
dem grünen See, ist die berühmte sogenannte
Kupferbank, das ist ein, bey eine Klafter mächtiger
Kupfergang in Granit. . . . . .
Es ist in Räoul eine einzige Bürger Familie, Nahmens Fabri, deren Mitglieder meines Wissens lauter Schuster waren, und sind.
Diese Familie befuhr schon mehrere Generationen
hindurch jährlich, wenn es die Witterung in den
Sommermonaten Julius, August und September
zuläßt, die Kupferbank, in der Hoffnung, nach
Wegräumung des Kupfers vom Tage, etwa auf
edleres Erz zu treffen. Die Mühe und Gefahr,
mit welcher diese Fabri das Erz von der Kupferbank herabholen, ist außerordentlich.
Unten am grünen See bauen sie sich jährlich
vom Krummholzreisern eine Hütte, um darin zu
nächten, Schutz wider stürmisches Wetter zu haben, und das gesammelte Erz darin aufzubewahren.
Ist nun die Witterung günstig, so wandern sie,
auf mehrere Tage mit Vorrath versehen, zu dem
grünen See. Mit grauem Morgen beginnen sie
jedesmal den Aufgang, und haben drey Stunden

Bred. I. B.   C

Stunden zu klettern, bis sie die obenerwähnte
hin und wieder mit Schnee angefüllte Felsenfurche
vom grünen See bis zur Kupferbank führt. Hier
nahe unter den höchsten Spitzen, von nackten
Felsen umgeben, bahnen sie sich erst, durch Wegräumung des Schnee's und des Gerölles, das
immer ihren vorjährigen Bergbau verschüttet, zu
dem Kupfergange den Weg, hauen sich dann mit
ihren Werkzeugen, die sie den kurzen Karpathen-
sommer über auf der Kupferbank lassen, Erz heraus. Oft werden sie während ihrer Arbeit von
dichten und kalten Nebeln oder Wolken umhüllt,
oft von einem Ungewitter überrascht. Nachmit-
tags treten sie mit einem, von den Schultern her-
abhängenden Tornister (Tasche) auf dem Rücken,
ihren gefahrvollen Rückweg an. Das Erz, welches auf der Kupferbank bricht, ist größtentheils
derber Kupferkies, hin und wieder mit Kupfer-
schwärze und Kupfergrün durchzogen. Die Gangart ist Quarz und Schwerspath. Der Gang streicht
von Westen gegen Osten oder gegen den hintern
Rasenberg hin.

Dieß ist die Felsenansicht mit ihrer vorzüglichen Merkwürdigkeit, wenn man die Karpathen
vom grünen See aus gegen Morgen rechts be-

trachtet, oder südwärts hinauf blickt. Kehrt man
sich nun weiter halbrechts, so daß man die westli=
chen Felsen im Gesichte, und den grünen See
im Rücken hat, so bietet sich dem Auge eine von
der vorigen ganz verschiedene Urgebirgsscene dar.

Zuerst stößt in der Diagonalrichtung zwischen
Süden und Westen an die bisher beschriebene süd=
liche Gebirgsmasse eine Felsenvertiefung, welche
sich an das, in Vergleichung mit den benachbar=
ten, etwas niedrigere Gebirge hinaufzieht, das
von der andern Seite das höhere, sogenannte
Lohbacher Thal begränzt. Ganz unten an dem
Ursprunge dieser Felsenvertiefung links liegt zu
Tage in dem Granitfelsen ein Siemitporphyrgang,
worin die Gangart etwas Gold und Silber hält.
Ich habe selbst das aus Gold und Silber gemisch=
te Korn gesehen, das Schuster Jacob Fabri im
vorigen Jahre (1799) aus ohngefähr 10 Pfund
dieser erst zerpochten, dann geschlichten Gangart
geschmolzen haben soll.

Diesen Gang haben die Fabris nach einer
uralten Beschreibung in Manuscripten, welche die
Familie von einer Generation zur andern vererbt,
vor einigen Jahren unter dem Geröll wieder ge=
funden. Da dieser Gang in dem nördlichen Schat=

ten der Karpathen liegt, so pflegt er bis Ende
Junius, manches Jahr auch später mit Schnee
bedeckt zu seyn. Er heißt in den Manuscripten
und in der Sprache der Késmarker Gebirgsmän-
ner und Goldsucher, der Lazurgang; ich aber
habe in den Stücken, die ich von diesem Gange
besitze, keine Spur von Lazur entdecken können.

Steigt man in der Felsenvertiefung in der
erwähnten Diagonalrichtung gerade vor sich hin
etwas aufwärts, so kömmt man auf einen Ort,
den ich die Schneebrücke unter dem Wasserfalle
nenne. Die an diesem Orte durch das immer
herabstürzende Wasser mehr ausgehöhlte Felsenvertiefung ist nämlich hier mit ewigem Schnee
ausgefüllt. Nur an dem Boden der Vertiefung
verschaft und erhält sich der, von einer hohen und
großen Felsenterasse zur andern, sich mehrere hundert Klaftern herabstürzende, Bergstrom unter
dem Schnee einen beständigen Kanal.

Zunächst über der Schneebrücke stürzt sich das
Wasser in einer muldenförmigen in Granit aus-
gehöhlten Rinne von der letzten Terasse etwa 20
Klafter hoch beynahe vertical herunter, läuft
unter der Schneebrücke durch, und verliert sich
etwas weiter abwärts unter dem Gerölle.

Von dieser Schneebrücke links herum ist in der obengerühmten Felsenschlucht der Aufgang zur Kupferbank; gerade aufwärts hingegen pflegen manchmal Gemsenjäger in das Kohlbacher Thal hinüber zu klettern.

Neben der, zwischen dem südlichen und westlichen Gebirge diagonal sich hinauf ziehenden Felsenvertiefung liegt der sogenannte mittlere Grad, das heißt der mittlere Felsenrücken von den Gebirgen, welche den grünen See amphitheatralisch umgeben. An den mittelsten Grad schließt sich weiter rechts der sogenannte mittelste Grund an. Dieser mittelste Grund ist eine der niedrigeren Abstufungen der Felsenmasse, über welchen auf der andern Seite gegen die Arver Gespanschaft und Galizien hin, wiewohl noch in Zipsen, die entgegengesetzten ähnlichen Felsenkessel und Felsenthäler der karpathischen Gebirge mit ihren Seen liegen. Neben dem mittelsten Grunde rechts erheben sich wieder ausgezeichnet hohe Felsenthürme, und neben diesem abermals ein Felsengrund, welcher das schwarze Seethal genannt wird, weil jenseits dieser Felsenabstufung auf der andern Seite der Karpathen der große schwarze See liegt.

Rechter Hand wird das schwarze Seethal von
dem Karfunkelthurm begrenzt, der seiner Form
nach oben beynahe cylindrisch ist, und von einer
fabelhaften Sage den Namen erhalten hat; nach
welcher dieser cylindrische Fels an seiner, dem grünen See zugekehrten Aussenseite einen großen Karfunkel enthielt, der des Nachts das Monden- und
Sternenlicht zurückstrahlte, und dadurch den gän-
zen Felsenkessel des grünen See's erleuchtete. Eine Sage, welche einen Feendichter, der die Karpathen der Urwelt zu besingen Lust hätte, allein
im Stande wäre, in eine romantische Begeiste-
rung zu versetzen. Die Sage setzt noch hinzu,
daß endlich jener große Karfunkel mit einem Stück
Felsen, woran er steckte, in den grünen See her-
abstürzte, worin er bis jetzt immer begraben liege.
Mit dieser Sage scheint zusammen zu hängen,
was der ehemahlige Preßburger Prediger Klein
in seiner Sammlung merkwürdigster Naturbege-
benheiten des Königreichs Ungern (Preßburg 1778
8., S. 22 f.) von einem karpathischen Karfunkel sagt. Seine Worte in der angeführten Stelle sind: "der außerordentlich große Karfunkel,
welcher zu den besondern Seltenheiten von Ungern
gehört, wird in dem dritten Jahrgange der Wie-

rischen Anzeigen S. 82 sehr gut beschrieben. Man hat nähmlich zu einer Seit auf dem karpathischen Gebirge einen außerordentlich großen Karfunkel, das heißt, einen großen, feurigen Rubin gefunden, dessen Werth auf etliche tausend Gulden geschätzt worden. Dieser Karfunkel soll in die kais. Schatzkammer nach Wien gekommen seyn, und zwar beym Aussterben einer gräflichen Familie Drugeth de Homono.

Wendet man sich endlich drittens zu dem nördlichen, oben Felsenufer des grünen See's, welches das dem Gabelgebirge gegenüber steht, so gränzt zunächst an dem Karfunkelthurm, in einer ohngefähr gleichen Höhe mit dem schwarzen See, das rothe Seethal, oder der rothe Seegrund, wieder mit einem Halbzirkel von kahlen Felsenthürmen umgeben, wovon jedoch die, nächst dem Hintergrunde des rothen See aufsteigenden wenig grünen See aus nicht sichtbar sind.

Die ohngefähr 200 Klafter habende Höhe vom grünen bis zum rothen See ist wieder, sowohl von der entgegengesetzten südlichen, als von der seitwärts zwischen beyden liegenden Seite ganz verschieden. Sie ist nähmlich erstlich weniger steil, und, weil sie von Süden her der Sonne mehr

genießt, mit Krummholz und andern Pflanzen,
besonders mit verschiedenen Moosarten verwach-
sen. So stellt auch die Fortsetzung dieser Anhöhe weiter gegen Osten, oder gegen die Offnung
des Felsenkessels dem grünen See eine grüne Wand
entgegen; welche beynahe rings umher von der
ehrwürdigen Farbe des grauen Alterthums umgeben, einen desto angenehm erhabeneren Eindruck
macht. Das etwa 200 Klafter hohe Aufsteigen
vom grünen zum rothen See ist zwar mühsam und
anstrengend, allein wegen der mindern Steilheit
und der mehrern Absätze, wenn man vorsichtig
und nicht schwindlich ist, weniger gefährlich. Am
leichtesten geschieht dasselbe in den Felsenfurchen,
in welchen das Wasser von dem rothen See herabfällt, und die größtentheils mit, von dem höhern Gebirge herabgerollten, längst der Anhöhe
auf einander ruhenden kleinern und größern Granitblöcken angefüllt sind. Auf diesen Granitblöcken steigt man gleich einer Treppe hinan, doch
muß man auch hier der Sicherheit wegen auf allen Vieren kriechen. Immer kann man jedoch
in dem Felsenfurchen der Wasserfälle nicht fortstei-
gen; denn mehrmals werden die großen, steilen
und hohen Felsen unterbrochen. Da ist man nun

in die Nothwendigkeit gesetzt, diese Felsen auf
dem Krummholz zu umsteigen, und kommt man
in den Fall, im eigentlichsten Sinne der Worte
auf dem Walde einherzugehen. Das Krummholz (Pinus montana) nämlich ist eine niedrige
Art von Nadelholz, deßen Stamm sich höchstens
zwey bis drey Fuß über seinen Boden rund umher in mehrere Hauptäste, oft mehrere Klaftern
weit horizontal verbreitet. Aus den horizontalen Ästen wachsen andere vertical hervor, die
dann wieder beynahe horizontale Zweige haben;
so, daß ein einziges solches Krummholz, wenn
es frey stünde, ein kleines Gesträuch vorstellen
würde. Der Stamm davon ist selten dicker, als
ein Mannsarm, und so sind dann die verschiedenen Äste verhältnißmäßig dünner.

Diese natürliche Art von Zwergbäumen giebt
vorzügliches Harz, aus welchem das bekannte
Krummholzöhl bereitet wird; außerdem verschaft
es dichtes und harziges vortreffliches Brennholz,
welches im strengsten Winter auf Schlitten aus
dem sonst unwegsamen Gebirge geführet wird.
Wenn man nun durch so einen Krummholzwald
gehet, so berühren die Füße nie den Boden des
Waldes, sondern man setzt sie vorsichtig von ei-

nem Hauptast auf einen andern; und die auf-
rechtstehenden Nebenäste dienen dazu, um sich
desto sicherer von einem Ast zum andern, und von
einem Baum auf den andern zu schwingen. Man
muß sich sehr hüten, keinen Fehltritt neben den
Hauptästen vorbey zu machen, sonst kommt man
unter das Krummholz, zwischen das oft tief und
ungleichliegende, gewöhnlich scharfkantige Gerölle, und kann sich leicht beschädigen. Man
kann sich leicht vorstellen, daß das Vordringen
auf einem solchen Walde noch beschwerlicher ist,
wenn man zugleich aufwärts steigen muß, wie
das auf der Anhöhe zwischen dem grünen und dem
rothen See der Fall ist. Kommt man auf diese
Art, der hier schon wirklich kalten Atmosphäre
ungeachtet, im Schweiß seines Angesichts bey
dem rothen See an, so erblickt man hier einen
ähnlichen Felsenkessel, wie unten beym grünen
See; nur daß der halbmondförmige Felsenkranz
dem höhern Standpunkte zufolge hier um ein
paar hundert Klafter niedriger erscheint. Jenseits des rothen See's und der ihn umgebenden
Felsen, auf der nordwestlichen Seite der Karpathen liegt der große Fischsee. Der rothe See hat
seinen Namen von dem rothen Lichte, das er re-

flektirt; und dieses rührt, wie ich zuverlässig aus
eigener Erfahrung sagen kann, aus einem Be-
schlag oder feinem Überzug des Granitgerölles
in dem krystallreinen Wasser mit rothgelbem Eisenocher her. Ich stieg zweymal vom grünem zum
röthen See hinauf, nämlich 1797 im Sommer
und den 8. May 1800 bey der damals sehr güm-
stigen und sehr warmen Witterung. Das erste
mal bekam mir der Anblick des rothen Sees nicht
sehr wohl. Ich kletterte damals in der Gesellschaft der Herren Brüder Professor und Doctor
Genersch, von welchen der Erstere ein ästhetischer,
der Andere ein botanischer Freund des Gebirgs ist.
Kaum langten wir mit Mühe an dem mit Gerölle
und einzelnem Krummholz bestreuten Ufer des
rothen Sees an, als uns bey kurz vorher hei-
terem Wetter, von den Gabelzacken herüber ein
dichter Gewitternebel umfloß. Es blitzte, don-
nerte, hallte wieder, und in kurzer Zeit waren
wir von einem seltnen, aber dichten Regen bis auf
die Haut ganz durchnäßt. In diesem Zustand
war das Herabsteigen durch das nasse Krummholz
und die glättern Felsen freylich noch etwas beschwerlicher und gefährlicher, als sonst. Das
zweytemal fand ich in Gesellschaft von 20 Stu-

denten den rothen See noch gefroren, ungeach=
tet der April des besagten Jahrs doch in Zipsen
sehr warm war. Bey der Anhöhe zwischen dem
grünen und rothen See muß ich noch einer Merk=
würdigkeit erwähnen, nämlich: über 50 Klafter
über dem grünen See etwas rechts gehet aber=
malen ein Gang zu Tage aus, dessen Gangart
nach meiner eigenen Anschauung jener unten am
grünen See ähnlich ist, und welche offenbar zu=
gleich Eisen enthält. Nach der ehrlichen Versi=
cherung des obengerühmten Jacob Fabri, den ich
die beyden letztenmale, vorzüglich um die Ge=
birgs=Nomenclatur von ihm zu lernen, auf die
Karpathen mitnahm, ist dieser Gang in der näm=
lichen Richtung auf den Granitfelsen über dem
rothen See am Tage zu sehen, folglich streicht
er über das rothe Seethal und dessen Felsenkranz
bis zum großen Fischsee hinüber, hinter welchem
weiter rückwärts, jedoch mehr gegen Osten, die
Baron Polotsaischen Eisenbergwerke sich befinden.
Daraus kann man sich nun auch leicht den Eisen=
gherniederschlag in dem Wasser des rothen See's
erklären.

Mit den östlichen Felsenthürmen des rothen
See's hängen die sogenannten weißen Seethür=

me in einer Reihe von etwa anerthalben Meile
zusammen. Sie ziehen sich von dem rothen und
zugleich von der Gegend des grünen See's in einer den übrigen nackten, und zerriffenen Felsen
ähnlichen Gestalt gegen Norvost hinüber, stoßen
an die ältern uranfänglichen Kalkgebirge an,
und helfen den weißen See in einen Nebenzweig
des Kopperschächtner Thales einschließen.

<hr />

Dritter Brief.

Folgen Sie mir nun wieder, mein geliebter
Freund, von den steilen Anhöhen des Felsenkef-
sels des grünen See's in die Tiefe herab. Lassen
Sie uns hier die Erscheinungen, welche der grüne See selbst darbietet, betrachten, und dann
den Ausfluß desselben längst des Kopperschäch-
ner Thales bis an die Kopper verfolgen.

Der grüne See hat von Abend gegen Morgen zu, folglich gegen die Richtung seines Aus-
flußes eine längliche unregelmäßig ovale Form.
Seinen Umkreis messen ohngefähr dreyhundert
Schritte. Seine Tiefe ist gleich an dem Ufer

vorzüglich an der südlichen Seite ansehnlich, und
mag in der Mitte mehrere Klafter betragen. Sein
Wasser ist außerordentlich rein und durchsichtig,
so, daß man durch dasselbe den mit Sand und
Felsentrümmern überschütteten Boden des Sees
erblickt; zugleich ist es immer sehr kalt, und hat
den reinsten Geschmack. In kleinern Quantitä-
ten, z. B. wenn man es in Gläsern schöpft,
erscheint es, wie jedes andre reine Wasser, vollkommen ungefärbt; im Ganzen hingegen wirft
es nach den mehr oder weniger, mittelbar oder
unmittelbar auffallenden Sonnenstrahlen, ein
mehr oder weniger blaß Kupfergrün gefärbtes
Licht, der Farbe des kupfergrünen Malachit
ähnlich, zurück. Ein Theil dieser grünen Zurückstrahlung ist freilich auf Rechnung des grünen
Krummholzes zu schreiben, das sich vorzüglich an
den nördlichen Anhöhen des grünen See's erhebt,
sich dem gegenüber an dem südlichen Ufer Stehen-
den in dem reinen Wasser sehr deutlich abbildet,
und auf diese Art sein grünes Licht aus dem Wasser nach den Gesetzen der Reflexion in das Auge
sendet. Allein diese einzige Ursache ist bey weitem nicht hinlänglich, um das Phänomen des
grünen Sees zu erklären. — Man bemerkt das

grüne Licht des Sees nach allen Richtungen, besonders in den Gegenden des tiefen Wassers;
man bemerkt es namentlich auch, wenn man an
dem nördlichen Ufer steht, wo man gegenüber
jenseits des Sees kein Krummholz, sondern nur
die schwarzen und grauen sich steil erhebenden
Granitfelsen der Kösmarken-Spitze hat; man
bemerkt es ferner in der Tiefe an allen den Stellen mit einer besondern Lebhaftigkeit, wo das
Wasser am Boden des Sees an verschiedenen
Stellen, starken Quellen gleich, hervorgespru-
delt, und dem leichten Sand, indem es ihn durch
seine Gewalt gleichsam auflockt, ebenfalls ein
grünes Licht mittheilt. Ich habe dergleichen
Stellen öfters aufmerksam beobachtet, und gefunden, daß das von dem grünen Krummholz
fortgepflanzte Licht darauf schlechterdings keinen
Einfluß haben konnte. Einige von diesen Stellen sind sehr nahe an dem nördlichen Ufer, so
daß wenn man den Arm von den im Wasser liegenden Felsenblöcken hineinstreckt, man den sammt
dem Wasser mit grünem Lichte aufquellenden
Sand mit der Hand erreichen kann, der aber,
wenn er auf das freye Licht hervorgebracht wird,
ganz weiß ist. Endlich muß ich noch bemerken,

daß ich vor einigen Wochen den 8. Oktober das aus dem grünen See heraufstrahlende grüne Licht zu beobachten Gelegenheit hatte, als der See schon ganz mit Eise bedeckt war. An einem heitern Tage war der See, wegen der vorstehenden ungeheuren Felsenwand der Késmarker-Spitze, um die Mittagszeit noch ganz im Schatten, und in diesem Schatten erschien uns auch das Eis desselben See's von seinen Ufern überall ganz weiß.

Nachmittag um 2 Uhr befand ich mich etwa hundert Klafter über dem grünen See auf den nördlichen Anhöhen des Felsenkessels, um den in der Felsenfurche des vom rothen See herabfallenden Wassers sich befindlichen Syenitporphyr und Eisengang näher zu untersuchen. Der Erdball hatte sich mit der Késmarker-Spitze schon etwas mehr gegen Osten fortgedreht, so, daß die nun schon mehr gegen Westen erscheinende Sonne über die niedrigen westlichen Felsenthürme eine Zeitlang auf den überfrornen grünen See herabblicken konnte. Der grüne See war an seinen Ufern ringsumher mit tiefem Schnee umgeben; mir gegenüber war die steile schwarzgraue Felsenwand der Késmarker-Spitze hin und wieder mit Schnee

all-

ausflogen, das grüne Krummholz war auf der
Seite, auf welcher ich mich befand, folglich war
kein grüner Gegenstand außer dem grünen See,
der nach den Gesetzen der Reflexion seine, erst im
See abgebildeten, und dann reflektirten Strahlen auf meinen Standpunkt hätte zurücksenden
können; die erwähnten Gegenstände gegenüber
hätten ein schwarzgraues mit weiß gemischtes Licht
reflektiren müssen, und dennoch strahlte der unter den erwähnten Umständen von der Sonne
beschienene See durch das Eis herauf, grünes
Licht in meine und meines Begleiters Augen.
Aus diesen Erfahrungen, darf ich wohl mit Recht
folgern, daß in dem grünen See selbst ein materielles Princip der grünen Zurückstrahlung enthalten seyn müsse. Und dürfte diese vielleicht
nicht in einer außerordentlich verdünnten, vermittelst Vitriolsäure geschehenen Kupfer- und Eisen-
Auflösung zu suchen seyn? eine Meinung, welche
durch den auf der Kupferbank sich befindlichen
mächtigen Kupfergang, der vorzüglich Kupferkies
und Kupfergrün enthält, und durch das davon
sich herabstürzende Wasser, so wie durch das
aus dem rothen See gleichfalls in den grünen

See herabfallende eisenhaltige Waſſer einige
Wahrſcheinlichkeit zu erhalten ſcheint *).

---

*) Dieſer Hypotheſe, die der gelehrte Verfaſſer be-
reits ſelber zurückgenommen hat, ſtehn mehrere
Gründe entgegen. Ich will nur bey einem ein-
zigen ſtehen bleiben. Wenn die grünen Flecken
des Sees durch Vermiſchung einer, vermittelſt
Vitriol-Säure geſchehenen Kupfer-Auflöſung
erzeugten Farbe herrühren, ſo iſt kein Grund
vorhanden, warum dieſe Farbe ſich nicht der
ſämmtlichen Maſſe des Seewaſſers mittheilt, und
ein neues Räthſel da, wie nämlich die benann-
ten Flecken ſo ſcharf bezeichnete Abriſſe behalten
können, als ſie dem Auge des Betrachters wirklich zeigen. Ein materielles Prinzip der grünen
Zurückſtrahlung ſcheint, auch meiner Überzeugung
nach, vorhanden zu ſeyn, nur würde ich daſſelbe
weder in dem Kupfergrün, noch in den, in einer
beſtändigen Bewegung ſich befindenden Marien-
blättleins des Herrn Buchholz ſuchen, *) welche
ſich in dem hinaufſprudelnden Sande befinden,
und die unter vielen, beſonders d i e g r ü n e
F a r b e v o n ſ i c h ſ t r a h l e n ſ o l l e n. (K)
   Die grünen Seeflecken ſind Seequellen, die
einen ziemlich tiefen Boden haben. Nun iſt es
nicht ungewöhnlich, daß in dergleichen Quellen
eine ganz einfache Waſſerpflanze wächſt, welche

---

*) Siehe: Ungriſches Magazin Band 3. Heft 1. S. 20.

Doch da ich selbst das Waſſer des grünen See's nicht chemiſch unterſucht habe, ſo laſſe ich mich von denjenigen, die hier der erwähnten Meinung, die große Reinigkeit des grünen Seewaſſers entgegenſetzen, gerne beſcheiden, daß bey der eigenen Lage dieſes See's die übrigen Farben des Sonnenſtrahles auch aus einer andern Urſa

---

Linné Brunnenconferve (conferva continalis) nennt. Das ganze Gewächs beſteht aus einem einfachen, meiſt geraden etwa einen halben Zoll langen, feinen Faden, von hellgrüner Farbe, der gewöhnlich mit ſeinem untern Ende in dem Schlamme eingewurzelt iſt. Da aber dieſe Faden meiſt zu vielen tauſenden dicht neben einander ſtehen, ſo bekommen ſie dann das Anſehen eines feinhaarigen Pelzes vom ſchönſten Grün, womit oft große Strecken an den gedachten Orten unter Waſſer bewachſen ſind. Wie, wenn nun der Boden dieſer Seequellen mit der Brunnenconferve bewachſen wäre, und die grüne Farbe durch die, ſich in Bewegung befindenden Sandkörner, durchſtrahlte, ohne daß man die Pflanze ſieht? Das Jungferhaar, deſſen obengenannter Buchholz erwähnt, ſcheint ziemlich dieſe Conferve zu ſeyn. Wenn es doch einem Karpathenfreunde gefiele, die Sache gelegenheitlich genauer zu unterſuchen und mir dann gütigſt ſeine Reſultate mitzutheilen!

W. b. s.

D 2

che absorbirt werden, und nur die grünliche zu-
rückstrahlen mag.

Rund umher stürzt sich von dem Felsenkessel
des grünen Sees, nach der verschiedenen Jahres-
zeit, immer eine größere und kleinere Menge Wassers herab; der Ausfluß des grünen Sees ist gewöhnlich so stark, daß er ein unterschlächtiges
Mühlrad zu treiben im Stande wäre, und dem-
ohngeachtet bemerkt man vorzüglich im Sommer
an der Oberfläche des Ufers nirgends einen Einfluß in denselben. Die Ursache hievon ist der mit
Sand und Gerölle tief verschüttete lockere Boden
des Sees und seiner Ufer. Erreicht nämlich das
herabfallende Wasser die Tiefe des Felsenkessels,
so verliert es sich unter das Gerölle, und quillt
durch selbstgebahnte Kanäle, an den Seiten, und
an dem Boden des grünen Sees wieder hervor.

Eine höchst seltene und angenehme, nur solchen von hohen und steilen Felsen umschlossenen
Gegenden eigene Erscheinung gewährt auch das
hundertfache und ununterbrochene Echo, das jeden an dem grünen See entstehenden Schall wie-
dertönet. —

Wird in der Gegend des Ausflusses desselben eine Pistole oder Flinte losgeschossen, so folgt

ein anhaltender heftiger, Donner nach, der dann
allmählig dumpfer wird, und am Ende in einem,
die Ohren immer sanfter berührenden Säuseln
verhallt. Stellen sie sich die außerordentliche
Wirkung vor, wenn an einer solchen Stelle eine
Kanone gelöst würde; die in dem eingeschlossenen
Raume heftig erschütterte Luft würde sicher von
den aufgethürmten Wänden Felsenstücke losreis-
sen, und in die Tiefen herabschleudern. So wird
auch der Donner, welcher aus den Wolken über
und zwischen den Felsenthürmen herabrollt, das
durchdringende Pfeiffen der Steinböcke und der
Murmelthiere, das Geplätscher des herabfallenden Wassers, und selbst das sanftere Wehen der
von den Felsenwänden zurückfließenden Luft, —
so wird jede Stimme der Natur, welche auf diesem erhabenen Schauplatze ertönt, vervielfältiget
und verstärkt, und für den sinlichen Genuß zugleich erhöhet und veredelt.

Indem ich Sie, mein Freund! aus dem bisher beschriebenen Felsenkessel in das Thal desselben herabbegleite, verlasse ich ungerne diesen erhabenen Schauplatz, diesen mit majestätischer
Stimme selbstsprechenden Tempel der Gottheit,
in welchen sich meine treue Phantasie so oft ver-

fegt, und in welchem fie fo gerne voll begeifter-
ter Andacht verweilt. ——

Der Ausfluß wird dem grünen See durch eine
Vertiefung zwischen zwey sanften mit Krummholz
bewachsenen Hügeln geöffnet. Nach einer Strecke von einigen hundert Schritten vereinigt er sich
mit dem Ausfluß, des an dem Fuße der südlichen
Felsenwände versteckten kleinen schwarzen Sees,
der von dem dunkeln Wiederschein der schwarz-
grauen Felsen seinen Namen hat, und sehr wenig Wasser gibt. Von da fällt der Bergstrom
auf seinem mit groben Gerölle überschütteten Bet-
te, zwischen Krummholz, und zwischen dem rechts
sich erhebenden vorderen Ratzenberge — und den
links sich etwas rückwärts ziehenden Anhöhen der
weißen Seefelsen, etwa noch eine Viertelmeile
weiter hinab, bis er sich links mit dem aus dem
weißen See beynah unter einem rechten Winkel
herabfallenden Bergstrome vereinigt, und dadurch
in Ansehung der Menge des fließenden Wassers,
etwa nur um den dritten oder vierten Theil vermehrt wird. Die vereinigten Bergströme erhalten nun bis zu ihrem Einfluß in die Poppel den
Namen des weißen Wassers. Den Ursprung dieses Namens möchte ich weniger von dem weißen

See, der, wie gesagt, den nur viel kleinern
Theil des Wassers hergiebt, sondern lieber und
natürlich von der weißen schäumenden Gestalt desselben, in dem höheren Thale, welche von dem
starken Falle und Zurückprellen desselben, von
dem groben Gerölle, und den hineingestürzten
Granitblöcken entsteht, herleiten. Etwa eine
Stunde von dem erwähnten Zusammenflusse nordwärts über einer sanften ausgebreiteten Anhöhe
liegt der weiße See. Er ist gegen Westen von
den weißen Seefelsen eingeschlossen, welche von
dieser Seite die letzte steile und zerrissene Granit-
wand des karpathischen Urgebirges bilden. Gegen Norden wird dieser See von sanfter gewölbten Bergen begrenzt, welche man mit weniger
Mühe und ohne Gefahr besteigen kann. Der
höchste unter diesen ist der sogenannte Durlsberg,
der den hohen etwa nur zwey hundert Klafter unter der Lomnitzer-Spitze gelegenen Bergrücken
des von Westen gegen Osten sich fortziehenden
Belaer uranfänglichen Kalkgebirges zu bilden an-
fängt. Von diesem Durlsberge hat man eine
herrliche Aussicht auf die nordwärts liegenden
niedrigen Waldgebirge der Karpathen, und in
das benachbarte Galizien.

Und mit bewaffnetem Auge kann man das
von Kesmark etwa 15 Meilen entfernte Krakau
sehen, so wie einige Kesmarker, die sich, als
Krakau von den Preußen beschossen und eingenommen wurde, gerade auf dem Durlsberge be-
fanden, den Donner der Kanonen bis dahin hör-
ten. Die sanfteren nördlichen und östlichen Berge um den weißen See, so wie die ausgebreite-
te Anhöhe zwischen dem weißen Wasser und dem
weißen See, verschaffen im Sommer den Pfer-
den und Ochsen, welche aus Kesmark, der
Sechszehn-Stadt Bela und den Dörfern Ro-
chus und Forberg, bis hieher herauf getrie-
ben werden, eine herrliche Weide. Tiefer unten
an dem weißen Wasser weiden in dem hier etwas
breiterem Thale vom Anfange des Julius bis
zur Mitte des Septembers die Schafe. Die
Schäferhütte steht etwa eine halbe Stunde unterhalb des erwähnten Zusammenflusses am linken
Ufer des weißen Wassers. Gewöhnlich bedient
man sich derselben, wenn man das karpathische
Gebirge besteigt, zum Nachtquartier. In der
Nacht vom 7. auf den 8. May dieses Jahres,
war ich mit 60 Studenten in derselben und um

dieselbe herum gelagert, wobey es, wie Sie sich
leicht vorstellen können, ziemlich lebhaft zugieng.

Wendet man das Auge von der Gegend der
Schäferhütte rechts oder seitwärts auf das Gra-
nitgebirge, so erblickt man hier eine steile, in
die Felsen ziemlich tief eingegrabene Schlucht,
welche das bey dem Schmelzen des Schnees und
bey Regenwetter herabfallende Wasser seit Jahrtausenden ausgewaschen hat. Diese Felsenschlucht,
in welcher auch ein Erz-Gang zu Tage ausgeht,
den ich aber selbst noch nicht in Augenschein nehmen konnte, trennt den v o r d e r n, gegen den
Fuß des karpathischen Gebirgs sich herabziehenden
K a t z e n b e r g von dem h i n t e r n schon oben
erwähnten Katzenberge. Dieser ist viel höher und
steiler als jener, ist oben und auf seinen höhern
Seiten kahl, und hat auf seinem Rücken mehrere einzelne oben abgerundete Felsenkugeln, wodurch er dem höchsten Urgebirge der Karpathen,
an das er sich unmittelbar anschließt, ähnlich
wird. Sieht man auf die entgegengesetzte linke
Seite hinauf, so erblickt man die sanfter in einander gewölbten Höhen des oben erwähnten uranfänglichen Kalkgebirges. Die Abstufung,
welche sich etwas unter dem Durlsberg fortzieht,

nennt man die Fleischbänke; auf diese folgen die
sogenannten drey Spitzen, welche drey sanfte ko-
nische Erhöhungen auf dem sich fortziehenden Rücken des Kalkgebirges bilden; das sich dann beynah in gleichförmiger, aber doch sich wieder etwas mehr erhebender Höhe Ost = Nord = östlich,
gegen die Sechszehn = Stadt Bela fortzieht. —
Verfolgt man die Richtung des hintern oder größern Ratzenberges, und die des uranfänglichen
Kalkgebirges rückwärts gegen den Felsenkessel des
grünen Sees; so schließen diese Richtungen etwa
einen Winkel von 30 Graden ein. Die weite
Öffnung, die dadurch zwischen diesen beyden hohen Rücken der Karpathen, zwey Stunden von
dem grünen See gegen Késmark zu, am Fuße des
Gebirgs entstehen würde, ist durch ein konisches
mit Nadelholz bedecktes Vorgebirge, das Stößchen genannt, verdämmt. Dieses Vorgebirge
erhebt sich von der Gegend der Schäferhütte gegen die Außenseite des karpathischen Gebirges,
und wird mit dem hohen Kalkgebirge durch eine
Vertiefung verbunden, die man von der röthlichen Mergel = Erde auf ihrer Oberfläche den rothen Lehm nennt. Von der südlichen Seite gegen den vordern Ratzenberg zu ist es durch ein

tiefes und enges Thal genauer begrenzt, durch welches das weiße Wasser aus dem Gebirge herausfließt.

Nach der Lage dieses Vorgebirges, und nach den Richtungen der von beyden Seiten sich erhebenden hohen Bergrücken kann ich Ihnen nun auch die Krümmungen des weißen Wassers innerhalb des Gebirges selbst deutlicher bezeichnen.

Bis zu dem Zusammenflusse mit dem Wasser des weißen Sees fällt der Ausfluß des grünen Sees in einer Richtung herab, die der Richtung der Bełaer uranfänglichen Kalkgebirge ziemlich parallel ist. Von da fließt das vereinigte weiße Wasser, sich von der vorigen Richtung etwas rechts wendend, längs dem hintern Raßenberg bis zu der Gegend der Schäferhütte fort; von da krümmt sich das Flußbett noch mehr rechts, folglich etwas südlich zwischen dem vordern Raßenberge und dem Stößchen heraus.

Unter dem Gerölle in der Gegend der Schäferhütte, am rechten Ufer des weißen Wassers, bemerkt man unter den Granitblöcken und Trümmern auch schon viele Felsenstücke von uranfänglichem Kalk, welche sich von der nördlichen Anhöhe herabwälzen.

Außerdem ſieht man auch hin und wieder
blaßrothen, fleiſchrothen und röthlich, braunen
After-Granit, aus in einander gebackenen Quarzkörnern und Feldſpath beſtehend.

Nicht weit von der Schäferhütte, an dem
ſteilen Ufer des weißen Waſſers, habe ich ein
ganzes Lager von ſolchem After-Granit geſehen.
Von der Schäferhütte bis zu dem Ausfluß des
weißen Waſſers aus dem Gebirge hat man ohngefähr noch eine Stunde zu gehen.

Steigt man von der Schäferhütte eine halbe
Stunde herab, ſo wird das Thal zwiſchen dem
Stößchen und dem vordern Ratzenberg auf einmal ſehr enge und ſteil. Den Boden deſſelben
nimmt das einige Klafter breite Flußbett des weißen Waſſers ein.

Das grobe Gerölle iſt in dieſem Paß mehr
übereinander geſchüttet, und der ſich darüber her-
abſtürzende Bergſtrom mehr geräuſchvoll und
ſchäumend. Die hohen Ufer deſſelben, auf welchen wechſelsweiſe für Menſchen und Vieh, welches im Sommer auf die Gebirgsweide geleitet
wird, ſchmale Fußſteige gebahnt ſind, ſind hier
durch mehrere Brücken verbunden, hin und wieder, wo es nöthig iſt, ſind die Fußſteige auch

mit Balken verwahrt, um das Vieh vor dem
Hinabsturz in den Abgrund des felsigten Stromes
zu sichern.

Hier erhebt sich nun in einer Länge von etwa
einer halben Stunde bis zu dem Ausfluß des
weißen Waffers die berühmte weiße Wand
von dem linken Ufer des Stroms, zu einer ab=
wärts immermehr wachsenden Höhe von 50 bis
100 Klaftern und darüber. Diese weiße Wand,
welche zugleich die südliche Seite des Vorgebir=
ges Stößchen bildet, bestehet ganz aus einer
ungeheuren Maſſe von übereinander geschütteten
und untereinander lose zusammenhängendem Gra=
nitgerölle mit Granitschutt, und hin und wieder
auch mit Trümmern von uranfänglichem Kalk
vermischt.

Sie erhebt sich aus dem weißen Waſſer ge=
gen die Anhöhen des Stößchens in einer steilen,
schiefen Ebene, die mit dem Horizont größten=
theils einen Winkel von 45 bis 50 Graden macht;
sie hat ihr weißes Aussehn von dem weißen Ge=
schütte, und von der weißen verwitternden Au=
ſenseite der darauf hervorragenden Granitblöcke,
und nimmt sich daher in den weit entlegenen un=
tern Gegenden sehr deutlich aus.

Wenn ein heftiger Wind, Ungewitter, Schnee-
wasser oder sonst eine Ursache von den, auf der
Oberfläche dieser weißen Wand hin und wieder
lose liegenden großen Granitgeröllen eins in Bewegung setzt, so stürzt es sich mit einem entsetz-
lichen Gerassel und einer der großen Höhe ver-
hältnißmäßigen Geschwindigkeit in die Tiefe herab, und reißt eine Menge anderer loser Felsenstücke und kleineres Geschütt, welches es auf seinem Wege antrifft, unaufhaltbar mit sich fort.
Jetzt aber ereignet sich so etwas immer seltener;
denn theils hat sich die weiße Wand durch die,
wer weiß wie viel Jahrhunderte schon dauernde
Herabwälzung des Gerölles in diejenige schiefe
Ebene gebracht, in welcher sich die Seiten der
von loser Erde aufgeworfenen Dämme, vermittelst der Einkeilung und der Friktion selbst zu un-
terstützen pflegen; theils wird diese schiefe Ebene
von losem Gerölle und Geschütte, durch das sich
von selbst darauf anbauende Nadelholz immermehr befestigt.

Es gibt ganze Strecken, wo die weiße Wand
wegen des Nadelholzes, das sich darauf schon
seit vielen Jahren angesetzt hat, nur sehr wenig
mehr durchschimmert. An den meisten Stellen

faſſen die jungen Baumpflanzen erſt ſeit einigen Jahren Wurzel. Und man kann nur mit Mühe hin und wieder größere Plätze entdecken, die von dergleichen jungem Anwachs ganz frey wären.

Im Ganzen aber ſind einige große Strecken der weißen Wand nahe bey dem Ausfluß des weißen Waſſers aus dem Gebirge am freyeſten, und erſcheinen in der Ferne, von welcher ſich das junge darauf ebenfalls ſchon hin und wieder zerſtreut wachſende Nadelholz aus den Augen verliert, ganz weiß.

Der weißen Wand gegenüber an der ſüdlichen Seite des weißen Waſſers erhebt ſich der vordere Ratzenberg, der aber ganz mit uraltem Nadelholz bewachſen iſt, und auf deſſen Anhöhe ſich keine Spur von loſe und tief übereinander geſchüttetem Gerölle befindet.

Woher nun dieſe weiße Wand, woher dieſes ſo hoch übereinander aufgethürmte, größtentheils aus Granittrümmern beſtehende Geſchütt und Gerölle? Die Antwort auf dieſe in geognoſtiſcher Hinſicht nicht unwichtige Frage ſcheint ſich einem aufmerkſamen Beobachter von ſelbſt darzubieten, wenn man der Bildung und dem Urſprunge des Kopperſchächtnerthales nachſpürt.

Das Granitgerölle der weißen Wand war sicher jemals Bestandtheil der hohen karpathischen Urgebirge, und wurde, theils gewaltsam, theils durch Verwitterung allmählich losgerissen, in die Tiefen herabgeführt, so, wie dieses noch täglich geschiehet.

Von ähnlichem Gerölle und Geschütte ist der Boden des grünen Sees, so wie des aus ihm fließenden Stromes nebst seinen Ufern bedeckt.

Woher aber diese ungeheure Anhäufung von Geschütt und Gerölle zu einer solchen Höhe, die zum Theil 150 Klaftern beträgt? Offenbar nur von der mächtigen Gewalt des Bergstroms, dessen Fluthen vielleicht vor mehreren Jahrtausenden, als sich das karpathische Schneegebirg, sowohl seitwärts als aufwärts in der Luft mehr ausbreitete, das Gerölle in den engen Paß zwischen dem Stößchen und dem vordern Ratzenberge wälzten, und sich nach und nach auf diese Art ihren eigenen freyen Ausfluß verdämmten.

Auch nach der jetzigen Richtung des Bergstroms von der Gegend der Schäferhütte her, mußte natürlicherweise das Geschütt mehr auf das Stößchen, als auf den vordern Ratzenberg gewälzt werden. Auf diese Art würde das rück-

wärts

wärts gelegene Thal bis zu dem Anfange des auf=
gedämmten Geschüttes einen großen See gebildet
haben.   Nach und nach bahnte sich das, theils
durchsinternde, theils oben abfliessende Wasser an
der rechten oder südlichen Seite des aufgeschüt=
teten Berges, dicht an dem vordern Ratzenberge,
wieder einen immer tiefern Weg.   So wie das
Bett des Stromes tiefer wurde, rollte immer
mehr von dem, auf dem Abhange des Stötzchens
liegenden losen Gerölle und Schuttmasse erdwärts,
in den Fluß herab, und wurde aus dem engen
äußersten Paß des Gebirges heraus ins Freye
gewälzt.

So bildete sich allmählich die weiße Wand,
die bey diesem einmal gemachten Anfange mit dem
Laufe der folgenden Jahrhunderte immer höher
werden mußte, je tiefer der Strom des weißen
Wassers, erstlich das Gerölle aus dem Wege
räumte, und je tiefer er nachher, als er einmal
auf den Boden des Gerölles herabfiel, das feste
Gestein selbst, zwar langsam, aber vorzüglich
mit Hülfe der Verwitterung doch immer mehr,
aushöhlte.

Welche Gebirgsart dem, zwischen dem vordern
Ratzenberge und dem hohen Rücken des uranfäng=

lichen Kalkgebirges gelagerten Vorgebirge, dem
Stößchen, selbst eigenthümlich sey, habe ich noch
nicht untersucht. Aber wahrscheinlich ist dieselbe
auch uranfänglicher Kalk, weil das Granitgerölle
und Geschütt auf der Anhöhe der weißen Wand
hin und wieder mit solchen Kalktrümmern vermischt ist, wiewohl diese sammt dem übrigen Gerölle auch aus den höhern Gegenden des Thals,
ursprünglich von den Belaer uranfänglichen hohen Kalkgebirgs - Rücken kommend, herabgeschwemmt worden seyn könnten.

Kommt man am Ende der weißen Wand aus
dem Gebirge ins Freye heraus, so hat man von
einer Höhe, die sich über alle bewohnten Thäler
und kleinen Ebenen des Zipser Komitats noch be-
trächtlig erhebt, eine herrliche Aussicht: rückwärts
das karpathische Gebirge in manigfaltiger Majestät aufgethürmt; links die weiße Wand zwischen
dieser und dem in der Tiefe tosenden und schäumenden Bergstrome; vor sich umher zunächst Wald
von verschiedenem Nadelholz, der sich am Fuße
des Gebirges verbreitet; über dem Wald den
Poppergrund mit seinen Städten und Dörfern;
jenseits dieses Grundes den Rehberg mit seinen
benachbarten und andern in dem Innern des Zip-

ser Komitats gelegenen Gebirgen, welche von
hier sämmtlich als kleine Hügel erscheinen; endlich ruht das auf diese Art manigfaltig unterhal-
tene Auge auf dem südlichen Ganggebirge des
Zipser Komitats und auf dem Königsberge (Krá-
lova Hora) des Gömörer Komitats.

Von der weißen Wand fällt das weiße Wasser in einer Richtung gegen Osten, die sich etwas gegen Süden zieht, noch anderthalb Stunden durch den Wald herab, und sein Fall wird
hier schon etwas sanfter, wiewohl noch immer
sehr schnell, und durch grobes Gerölle beynahe
beständig gebrochen.

Von der weißen Wand an bis zu seinem
Einfluße in die Popper nährt dieser Bergstrom,
so, wie alle andere vom Karpathischen Gebirge
herabfallende Ströme, viele Forellen. Über der
weißen Wand bemerkt man keine Spur von Fi-
schen in demselben. An den Ufern des Stroms,
ohnweit der weißen Wand herab findet man den
obenerwähnten röthlichen After=Granit in be-
trächtlicher Menge, und wahrscheinlich sind hier
unter dem Walde mächtige Lagen davon verborgen. Außerdem bemerkt man in dem Gerölle
und Geschiebe des Stroms bis zu seinem Ein-

fluße in die Popper hinab verschiedene Arten von
Granit und After-Graniten, so wie auch etwas
Kalk, dann hin und wieder einige porphyrartig
zusammen gebackene Steinarten.

Nicht weit von der weißen Wand an dem
rechten Ufer des weißen Wassers herab, sind in
dem Walde zwey freye Plätze, wovon der obere
die B ä r e n b l ö ß e, und der untere das B i l d-
ch e n heißt. Unter dem lezteren sind von dem
weißen Wasser zwey kleine Kanäle rechts abge-
leitet worden, wovon der eine nach Forberg, der
andere nach klein Schlagendorf (zwey Késmarker Stadtdörfer) führt. Diese beyden Nebenar-
me des weißen Wassers fallen zwischen Késmark
und Hunsdorf in einiger Entfernung von einander in die Popper.

Etwa anderthalb Stunden über Késmark
kommt das weiße Wasser in der vorigen Richtung
aus dem Walde hervor; eine halbe Stunde weiter herunter fällt es auf die drey Késmarker
Waldmühlen; die in kleinen Entfernungen von
einander gebaut sind. Beynahe in gleicher Entfernung von diesen Waldmühlen liegen, eine kleine
halbe Stunde von jeder entgegengesezten Seite,
zwey Dörfer, rechts das zuvor erwähnte F o r-

berg, und links Rothus, das zur Hälfte
gleichfalls der Stadt Késmark gehört. Bey den
Waldmühlen trennt sich ein dritter Nebenarm
links von dem weißen Waſſer, der längſt dem
ſogenannten langen Wald und dem tiefen
Grund, zwiſchen Késmark und Nehre oder
Sztraſſa, in die Popper fällt.

Das übrige und größere weiße Waſſer ſelbſt
fließt von den Waldmühlen zwiſchen Ackerland in
einer kleinen Wieſenvertiefung noch eine Strede
herab, berührt an der Straſſe nach Nehre die
äußerſte untere, gegen Pohlen gelegene Vorſtadt
von Késmark, hat da eine ſteinerne Brücke, und
vereinigt ſich einige hundert Schritte davon unter
einem rechten Winkel mit dem Popperfluß.

Das letzte Steinlager, über welches das
weiße Waſſer fließt, iſt ſchiefriger und thonigter
Sandſtein, der zwar längſt dem Fluſſe des weißen Waſſers nur in wenig Stellen zum Vor-
ſchein kommt, den man aber findet, wenn man
in dieſer Gegend Brunnen gräbt, und der dem
Einfluſſe des weißen Waſſers gegenüber, auf dem
ſogenannten Berge Jeruſalem, den Késmarkern
Bauſteine und Platten zum Straßenpflaſtern
liefert.

Vierter Brief.

Zum Beschluße meiner Beschreibung, will ich
Ihnen nun noch die in den bisher geschilderten
Gegenden vorkommenden Mineralien, so wie ich
sie bisher, einige wenige (28 — 30) ausgenommen, alle selbst an Ort und Stelle gesammelt
habe, und so, wie sie jetzt vor mir auf meinem
Schreibtische in gewiße Abtheilungen geordnet
liegen, näher characterisiren.

I. Granit.

A. Eigentlicher Granit.

a) Hauptart des Karpathischen Granits sowohl in den Felsenwänden des grünen
   Sees, als in den übrigen höchsten Ur-
   gebirgen der Karpathen.

1) Grobkörniger, aus perlgrauem und graulicht
   weißem fettglänzendem Quarze, milchweißem
   Feldspathe, und kleinschüppig- und blätteri-
   gem, theils silberweißem, theils schwärzlich
   grauem, und grünlich schwarzem, theils tom-

hackbraunem Glimmer bestehender Granit; vom grünen See.

In dieser Hauptart des Karpathischen Granits machen Quarz und Feldspath in ziemlich gleichen Theilen untereinander vermengt, die bey
weitem grösseren einzelnen Bestandtheile aus, in
welchen der Glimmer in kleinen, jedoch verschiedenen Zwischenräumen, theils in einzelnen,
theils in mehreren übereinander geschuppten Theil-
chen gleichsam eingesprengt ist. *)

---

*) In dieser Zusammenfügung der Bestandtheile ist
weder im Kleinem noch im Großem irgend eine
Spur von der schiefrigen Bildung des Gneuses;
wohl aber kommt in einem andern karpathischen Thale, in welchem die Felsenwände weniger hoch und steil sind, nämlich in dem Fölker-
Grunde, welcher von der Sechzehn-Stadt (Vel-
ka) Fölk seinen Namen hat, Gneus vor. Dieses merke ich deßwegen an, weil Herr de Came-
ra, der die untern Anhöhen der Karpathen, zwischen dem Kohlbacher-Thal und dem Fölker-Grun-
de vor einigen Jahren bestieg, nach der Versiche-
rung seines gelehrten und gefälligen Führers, des
Herrn Prediger Maukfch in groß Schlagendorf,
behauptete, die höchsten Urgebirge und Spitzen
der Karpathen, bestünden ganz aus Gneus.

2) Ein dergleichen Stück Granit mit Schriftmoos (Lichen graphicum) auf seiner Oberfläche; vom grünen See.

3) Ein ähnliches Stück mit halbverwittertem krei-
deweißem Feldspathe; vom grünen See.

    b) Abänderungen jener Hauptart des Kar-
    pathischen Granits:

4) Granit aus weißem und blaß fleischrothem
Feldspathe, perlgrauem Quarze und größtentheils aus grasgrünem Glimmer bestehend,
mit kleinen lauggrünen Streifen und Adern
durchwebt, welche aus eingemengtem Chlorit,
oder vielleicht Steinmark herzurühren scheinen;
aus dem Gerölle unter der weißen Wand.

5) Ein ähnliches Stück mit einer Ablösung der
erwähnten lauggrünen Steinerde. Diese Erde, womit die eine Oberfläche dieses Stücks
überzogen ist, und welche unter ähnlicher Gestalt in dem Karpathischen Granite nicht selten
vorkommt, ist halbhart, so, daß sich auch
Eisen auf demselben abreibt, ohne daß die
Erde Eindrücke davon annimmt; von sehr glat-
tem fettartigem Anfühlen; von dichtem ebenem
Bruche; klebt an der Zunge; gibt, wenn sie
mit einem spitzigen gutgestahlten Messer mit

Mühe aufgeritzt wird, einen kreideweißen
Strich; phosphorisirt nicht und braust nicht
mit Säuren auf; von der Felsen-Anhöhe
zwischen dem rothen und grünen See.

6) Granit aus vorwaltendem hellfleischrothem
Feldspathe, aus gräulichweißem Quarze, und
aus größtentheils silberweißem Glimmer bestehend; vom grünen See.

7) Ein ähnliches Stück mit gelbem Eisenocher
und mit Chlorit-Erde vermengt; vom grünen See.

8) Granit aus weißgrauem Quarze, blaßgras-
grünem Feldspathe, und wenigem silberweißem Glimmer bestehend; aus dem Gerölle des
weißen Wassers unter der weißen Wand.

9) Granit aus weißgrauem Quarz, aus unter
einander gemengtem fleischrothem und grasgrünem Feldspathe, und aus silberglänzigem
Glimmer bestehend; von der Anhöhe zwischen
dem grünen und rothen See.

10) Granit aus weißem Quarze, lauggrünem
Feldspathe, und größtentheils silberweißem
Glimmer, mit einer ⅓ Zoll dicken Zwischen-
lage von weißem Feldspathe, der auf seiner Ober-

fläche von Eisenocher angeflogen iſt; vom Ufer
des grünen Sees.

11) Großkörniger Granit aus größeren Stücken
von weißgrauem Quarze, blaß fleiſchrothem
Feldſpathe, und aus größeren Blättern und
dichter übereinander gehäuftem, ſilberweißem
Glimmer gemengt; vom grünen See.

B. After = Granit. Ich war lange unſchlüſſig,
wie ich die Mineralien, die ich unter dieſem Namen beſchreiben will, benennen ſollte.
Ich bezeichnete ſie in meiner Sammlung
bald durch quarziges Sandſtein,
bald durch uranfänglichen Sandſtein, u. ſ. w. Nach der gewöhnlichen Be-
deutung iſt aber die Benennung After = Granit wohl am paſſendſten für dieſelben.

Dieſer After = Granit mag denjenigen fein-
körnigen Granit = Arten nahe kommen, welche
Charpentier in der Ober = Lauſitz bey Hirſchberg
in mehreren Gängen zwiſchen grobkörnigen Gra-
nit = Maſſen gefunden, und welche er in ſeinen
Beobachtungen über die Lagerſtätte der Erze im
IV. Abſchnitt näher beſchreibt. Die allgemeinen
Charactere dieſer Karpathiſchen, in den unteren
Gegenden des beſchriebenen Thales häufig vor-

kommenden After-Granit-Arten sind folgende:
Der Quarz macht in jeder Art den bey weitem
vorwaltenden Bestandtheil aus, und ist größtentheils in kleinen, sehr selten etwas größeren,
dicht nebeneinander liegenden Körnern, die auch
das bloße Auge deutlich einzeln, von einander unterscheiden kann, zusammen gebacken.

Diese Quarzkörner erscheinen theils weißgrau,
theils haben sie die Grundfarbe jeder Abart.

Der sparsamer beygemengte Feldspath unterscheidet sich in den meisten Arten durch seine ebenen, schillernden Flächen. Die meisten Arten rie-
chen, wenn man sie anhaucht, sehr stark nach Thon;
am Stahle geben sie sehr stark und lebhaft Feuer;
Brechen mit unebener splittriger Fläche in unbe-
stimmte sehr scharfkantige Stücke.

Nach diesen angegebenen allgemeinen Kenn-
zeichen kann ich die einzelen vor mir liegenden
Arten kurz bezeichnen.

12) Feinkörniger weißgrauer After-Granit mit
mehr in einander geflossenen Quarzkörnern;
aus dem weißen Wasser unter der weißen
Wand.

13) Kleinkörniger, weißgrauer After = Granit mit mehr abgesondert erscheinenden Quarzkörnern; aus eben der Gegend.

14) Ähnlicher After = Granit halb verwittert; aus der Gegend der Schäferhütte.

15) Kleinkörniger, weißer After = Granit mit Schriftmoos. Die in einander gestoßene bleu=end weiße Oberfläche desselben, zwischen dem laubgrünen, schön gezeichneten Schriftmoos er=scheint wie reiner Quarz; inwendig aber, am Bruche, unterscheidet man die einzelnen an ein=ander gebackenen Körner deutlich; eben daher.

16) Kleinkörniger, schneeweißer After = Granit, worin der Feldspath schon (wie es scheint, in Porzelan = Erde) verwittert ist, so, daß sich dieses Stück zwischen den Fingern zerreiben läßt; demungeachtet gibt auch dieser lose ver=witterte After = Granit am Stahle Feuer; mit Salpeter = Säure brauset er auf, welches ich an keiner von den übrigen After=Granit=Arten bemerkt habe; auch daher.

17) Feinkörniger, aus dem perlgrauen etwas in das fleischrothe spielender After=Granit; aus dem weißen Wasser in dem Walde unter der weißen Wand.

18) Aus dem perlgrauen in das blaß veilchen-
   blaue spielender After = Granit; eben daher.

19) Aus dem dunkel veilchenblauen ins rothblaue
   spielender After = Granit; eben daher.

20) Röthlich weißer, feinkörniger After = Granit;
   aus einem mächtigen Gange oder Lager am
   Ufer des weißen Wassers, etwas unterhalb
   der Schäferhütte.

21) Ziegelrother, feinkörniger After = Granit;
   vom Ufer des weißen Wassers unterhalb der
   weißen Wand.

22) Rothbrauner, feinkörniger After = Granit;
   aus dem weißen Wasser im Walde unter der
   weißen Wand.

23) Grobkörniger, rothbrauner After = Granit
   von einer weißen, Krystallisationen enthalten-
   den Quarz = Ader durchsetzt; vom Fuße des
   hintern Ratzenberges.

II. Uranfänglicher Kalk.

24) Aschfarbiger, uranfänglicher Kalkstein als Gerölle vom Ufer des weißen Wassers, am
   Fuße des weißen Randes.

25) Schwärzlichgrauer, uranfänglicher Kalkstein;
   eben daher.

26) Ein ähnlicher schwärzlichgrauer uranfänglicher Kalkstein von mehreren parallelen, weißen
Kalkspath = Adern durchsetzt; auch daher.

27) Schwarzer Marmor mit feinen weißen Kalkspath = Adern; auch daher.

III. In den Gängen des grünen Seefelsenkessels
vorkommende Mineralien.

28) Zum Theil schön Pfauenschweifig angelaufe-
ner Kupferkies, mit weißem Quarze, und brau-
nem Schwerspath; von der Kupferbank etwa
400 Klafter über dem grünen See.

29) Grauer, mit Kupfergrün durchdrungener
Quarz, mit hin und wieder eingemengtem Kupferkies; eben daher.

30) Syenitporphyr, von grünlich weißem
Ansehen, aus Quarz, Kalkspath, Hornblen-
de, und wahrscheinlich auch Feldspath zusam-
mengemengt; mit sehr wenigem nur an manchen Stellen, in sehr kleinen Blättchen, einge-
sprengtem Glimmer; mit einer ⅓ Zoll dicken
Zwischenlage von weißgrauem Feldspathe;
gibt, wo man auf Quarztheile trift, am
Stahle Feuer; brauset mit Säuren, gleich
ungemischten Kalksteinen, sehr lebhaft auf;

von dem Syenitporphyr‑Gange am Fuße der Késmárkerspitze in dem südwestlichen Felsen‑winkel beym grünen See.

31) Syenitporphyr von dunkelgrünem, beynah schwarzgrünem Ansehen, mit, an manchen Stel‑len gleichfalls sichtbar häufig eingemengtem Kalkspathe; mit vielen eingesprengten blutro‑then hellen Jaspis‑Punkten und Streifen; mit keiner sichtbaren Spur von Glimmer; mit in abgesonderten Stellen beygemengtem braun‑gelbem und rothbraunem Eisenstein; gibt an den meisten Stellen am Stahle Feuer; brau‑set mit allen Säuren sehr lebhaft; gibt beym Anhauchen Thongeruch; würde geschliffen und poliert ein ausgezeichnet schönes Ansehen ha‑ben; von dem Syenitporphyrgange an der mittleren Anhöhe zwischen dem grünen und ro‑then See, gerade in der Felsenfurche, in wel‑cher das Wasser von dem rothen in den grü‑nen See herabfällt.

32) Syenitporphyr, im übrigen dem vorigen Stück ähnlich, nur daß er durch den häuffiger eingesprengten Jaspis dem Sinopel, der in den Schemnitzer Erz‑Gängen so häufig vor‑kommt, ähnlich wird; eben daher.

33) Spenitporphyr, wieder im übrigen dem
Nro. 31 gleichkommend, nur daß er gleichsam in kleineren und größeren Zeilen den erwähnten Eisenstein häufiger enthält; eben
daher.

In Nro. 30 — 33 kann man mit bewaffnetem Auge kaum hin und wieder Metall ähnliche
Theile entdecken.

Hat Ihnen vorzüglich der mineralogische
Schluß meiner Beschreibung Langeweile verursacht, so halten Sie dieß dem Umstande zu gute,
daß sich bey mir der sehnliche Wunsch, die Spuren der Natur immer mehr zu verfolgen, und
Naturkenntniße vorzüglich in unsern gemeinschaft-
lich geliebten Vaterlande immer mehr zu verbreiten, zu der innigsten, unwandelbaren Freundschaft gesellt, womit ich immer seyn werde

Késmark den 11. Nov. 1800.

Ihr

Johann Asbóth.

e) An Lina.

über die
Karpathen-Bewohner,
besonders die
Zipser Deutschen.

Noch habe ich keine schöne Gegend gesehen, keine angenehme Regung des Herzens empfunden, ohne sie mit dem süßen Andenken an Dich verwebt und genoffen zu haben. Gerührt stehe ich da, im stillen Taumel der Freude; mein Auge weilt an Gegenständen der mich umgebenden Natur, und mein Herz hält dich innig umschlossen. Wie rein wäre meine Seligkeit in dem Schoße meiner Eltern und Freunde, in den Thälern des erhabenen Karpaths, wenn Du an meiner Seite ständest, und ich sie an Deiner Hand genießen könnte!

Indeß entschädige ich mich für das traurige

F

Gefühl Deiner Abwesenheit, so gut ich kann. Da ich gewöhnlich alles in Beziehung auf Dich auffasse und genieße, täusche ich nicht selten mein trunknes Auge, und erblicke Dich im Gewande der Unschuld, mit jener harmlosen heitern Miene, die mein Herz so unwiderstehlich an Dich zog. Einem freundlichen G e n i u s gleich, umschwebt mich Dein frommer Geist, reinigt und läutert meine Gedanken und Empfindungen, erhöht jeden Lebensgenuß, und mildert Trübsinn und Kummer.

Ja, Lina! ohne Dich, ohne andere edle Seelen, die ich meine Freunde nennen kann, ohne meine Überzeugung von eurer Liebe und Achtung wäre die Natur für mich ein Grab. Kaum fände ich in ihr den Schöpfer; denn der schönste Trieb, ihn zu suchen, wäre meinem Herzen ewig fremd geblieben.

Ich habe die Karpathen gesehen, von denen ich mit Dir immer so, wie ein Patriot in der Fremde von seinem Vaterlande zu sprechen pflegt, gesprochen habe, und mich des seelenerhebenden Anblicks gefreut. Groß dünkt sich unser Geist, wenn er die Himmel mißt; aber stolz wird er, wenn er an erhabenen Gegenständen der Erde weilt. Jenes

Gefühl erhebt uns über unsere Lage, dieses macht
sie uns wichtig und groß.

Wolken = und nebellos standen sie entschleyert
in ihrer grauen ehrwürdigen Gestalt vor meinem
Auge. Ein angenehmer Schauer durchglühte mein
Wesen, als ich sie wieder erblickte.

Wie gerne weilt doch der Mann, an Gegen=
ständen, die er als Knabe gedankenlos vorüber=
eilte! So gieng es mir. Die bunten Bilder der
Kindheit drängten sich vor meine Einbildungskraft,
und ich sah mit behaglichem Wohlgefallen nach
denselben. Alles webte sich durcheinander. Die
angenehme Johannis = Nacht, in welcher die Kar=
pathen der Tummelplatz des Scherzes, der Freu=
de, mitunter aber auch des Aberglaubens waren,
rief die frohen Spaziergänge, welche ich in der=
selben, an der Seite meines guten Vaters, so oft
unternahm, in mein Gedächtniß zurück. Wie wir,
oft spät in der Nacht, mit Kräutern beladen nach
Hause kamen; wie mich bey einer solchen Gelegen=
heit der Anblick der hoch auflodernden Feuer, die
in dem dunkeln Gebirge wie grosse Sterne flim=
merten, entzückte, daß ich in Betrachtung dersel=
ben oft meinen lieben Begleiter verlohr. Oft (leb=
haft erinnere ich mich noch daran) saß er versteckt

hinter einem Gebüsche, ängstlich suchte ich ihn,
bis der wohlbekannte Ruf mich aus der Verlegen-
heit riß. Dann erzählte er mir, daß das junge
Volk aus den Dörfern unter den Karpathen am
Johannis-Tag gewöhnlich — vormals noch ge-
wöhnlicher — um brennende Feuer tanze, un-
brauchbare Wagenräder mit dürren Reisern um-
flechte, sie anzünde, und dann in vollen Flam-
men die schrägen Felsen hinab springen lasse —
was in der Entfernung einen prächtigen Anblick
gewährt. Einzelne Männer und Weiber, fuhr er
dann mit einer bedeutenden Miene fort, suchen heil-
same Kräuter, die, am Johannis-Tag gepflückt,
von besonderer Kraft seyn sollen — gewöhnlich
faßte ich die Meinigen bey diesen Worten noch
fester, damit mir ja kein Stämmchen dieser heili-
ligen Kräuter verloren gienge. Mein guter Vater war im Grunde ganz derselben Meinung, nicht
Wunder, daß ich lange auf den Johannis-Abend
so viel hielt.

In diesen Betrachtungen war ich dem Gebirge und meiner Heimath so nahe gekommen,
daß ich das ganze Städtchen in seiner Ausdeh-
nung vor meinen Augen ausgebreitet sah. Gott!
welche Gefühle! hier die Wiese, auf welcher ich

den Ball schlug; da der Bach, in welchem ich
Dämme bauete; dort die Felder, die ich in ju-
gendlichem Ungestümm durchstrich, wenn die rei-
fenden Ähren sich hoch über meinem Kopfe zusammen schlugen. Wie mir dieses alles jetzt so unbeschreiblich theuer war.

Leibitz den 28. August 1795.

Morgen, Geliebte! werde ich die Karpathen
besteigen. Ich werde mich dem Himmel nähern;
ich werde sehen, wie die Gemse in den Wolken
ihre Nahrung sucht, wie der wüthende Waldstrom
über Felsen sich ins Thal stürzt, wie er den
schwankenden Baum mit sich fortreißt, und frem-
den Gegenden zuführt. Nun stehen sie vor meinen Augen in bläulich graue Farbe gehüllt.

Ich weiß nicht, wie es zugeht, daß mir
Bürger's "Königinn von Golkonde" so lebhaft
vor der Phantasie schwebt. Wie ist's, als wehe
mir der leise Hauch ihres Mundes um meine Stirne, als riefe sie auch mir zu:

"Du athmest hart für die Beschwerde
Des reinsten Aethers Labsal ein.
Du wirst entfernter von der Erde
Und näher Gottes Himmel seyn."

Hier wandelt nimmer der Odem des Mays;
Hier wiegt sich kein Vogel auf duftendem Reis;
Nur Moos und Flechten entgrünen
Den wilden Ruinen.

Wie Hesper vom Purpur des Abends umwallt,
O Freundinn, so lächelt mir deine Gestalt,
Und hellt mit mondlichter Milde
Des Todes Gefilde.*)

Hier sitze ich, beynahe in der Mitte der Karpathen, in einem bequemen Hause, und danke dem braven Grafen Csáky (Tschaky) im Geiste, daß er für sich und andere so menschenfreundlich gesorgt, und dieses Wirthshaus an dem Schlagendorfer Sauerbrunnen hat erbauen lassen.

Gleich bey Késmark fängt man an unvermerkt zu steigen, obgleich das Karpathische Gebirge von dieser Stadt noch eine gute Meile entfernt liegt. Das Auge hält diese Entfernung kaum für eine Viertelstunde.

Der Boden ist hier sehr fruchtbar, und der Contrast desselben mit dem ungeheuren Riesenge-

*) Matthison.

birgs sehr angenehm. Denn nicht selten sieht man unter einem blühenden Apfelbaume, und bewundert die, vom Eise und Schnee starrenden Felsenwände.

Wenn man eine gute Strecke durch Korn=, Weizen=, und Gersten= Felder gefahren ist, nehmen uns dunkle Tannenwälder und Gebüsche auf. Ich unterhielt mich, von den mannigfaltigen Landschaften angezogen, auf das vortreflichste, und gelangte unvermerkt zu einer Höhe, welche bald die höchsten Berge des untern Landes weit zurückließ, und ich hatte kaum die Hälfte des Gebirgs erstiegen, so schienen mir alle Zipser Berge verschwunden zu seyn. Eine Ebene enthüllte sich hier meinem staunenden Auge, die in den ersten Augenblicken mich sehr überraschte. Mittelzeitige Gebirge umschließen das ganze Zipser Komitat, welches, von den Karpathen betrachtet, einem großen Bassin gleicht.

Sobald im Steigen die Waldungen und das Buschwerk aufhören, kommt man in die Gegend, wo das bekannte Krummholz sich zwischen Felsenwände und Klippen windet, welches das Hinaufsteigen ungemein erschwert und unsicher macht.

Weiter heben sich kahle graue Granitfelsen über
die Wolken hinauf.

Eine feyerliche Stille herrschte unter der Ge=
sellschaft. Jeder beschäftigte sich in diesen Au=
genblicken mit sich selbst. — Kein lebendiges We=
sen war uns in der Nähe. Kein Vogelgesang er=
reichte mehr unser Ohr.

Jetzt kamen wir an einen Ort, wo wir in
das Thal, welches die Königsnase von den übri=
gen Spitzen trennte, hinabsehen konnten. Ein
Schauer überfiel mich bey diesem Anblick, und
es hätte mich ein Schwindel ergriffen, wenn sich
die Augen nicht an den gegenüberstehenden Felsen=
wänden erhalten hätten. Wüthend stürzt sich in
demselben der Rauschbach von Klippen zu Klip=
pen das felsige Thal hinab.

„Hochauf stiebet der Schaum, dumpf
„Brüllt der Klüfte donnernder Aufruhr.

Ein schreckliches Getöse! Das Thal und unten
die Waldung scheinen nur darum da zu seyn, um
das Echo und den tausendzüngigen Wiederhall
des stürzenden Wassers schauerlicher zu machen.
Nur die Liebe! so leicht, so faßlich dachte ich mir
nie die Ewigkeit, so erhaben, von allem weggo=
wandt, fühlte sich nie meine Seele. Da stand

ich zwischen Himmel und Erde auf den Schlossen;
und tröbe der Vernichtung. Es fiel mir wie
Schuppen von den Augen. Mein Geist entbrann-
te, und flog über Welten und Sterne. Wie majestätisch groß ist doch der Schöpfer schon in der
leblosen Natur; und an dem Meisterstücke der
Schöpfung, dem Menschen, sollte er sich nicht
gleich geblieben seyn? . . . .

     „Ich bin unsterblich, nein, der Erdball reicht
       Zum Endzweck einer solchen Kraft nicht hin,
       Die ganz edlerer, freyer Wirkung ringt.”

Die Aussicht, welche ich vom Gebirge hatte, ist einzig in ihrer Art, und schöner, als
ich sie jemahls sah. Ich würde sie Dir gerne darzustellen suchen, wenn mir nicht mit Fiel-
ding zwey wichtige Gründe anriethen, es bleiben
zu lassen. Fürs erste: zweifle ich sehr, daß Du,
die Du die Gegend nie gesehen hast, meiner Beschreibung verstehen würdest, und zweytens darf
ich nicht hoffen, daß ich diejenigen, die die Aussicht gesehen haben, befriedigen könnte.

Gegen Mittag sieht man die Bergkette, wie
sie sich durch Liptau, Arwa und Thuroz bis in
die Gegend bis Preßburg zieht. Südöstlich liegt
der Königsberg, ein majestätisches Gebirge man

den Eingebornen die Fohle genannt. Zieht
man nun in Gedanken eine Linia von der Königsnase zu dem eben genannten Gebirge, so fällt
unter dieselbe derjenige Theil der Zips, welchen
man das Oberland nennt.

Diese Lage hat auf die Beschaffenheit des
Bodens einen nicht geringen Einfluß. Denn da
nach den Gesetzen der Attraktion beyde Gebirge
die Wolken stark an sich ziehen: so ist es gewöhnlich, daß die Oberländer auf der einen Seite mehr
Regen, auf der andern aber viel häufigere und
stärkere Gewitter haben. Hier gedeiht daher der
Flachs und die übrigen Getreide-Arten viel besser,
als an einem andern Orte in der Zips. Sie
sind aber auch öfter Blitz-Schlägen ausgesetzt.
An den Königsberg schließt sich eine Kette mittel-
zeitiger Gebirge, die sich in mehreren Zweigen in
die bekannten Bergstädte ausbreiten.

Nordwärts schließt sich der weiße Berg an
die Karpathen, macht gegen Osten einen Bogen,
schließt sich an die Erzgebirge, und bildet, wie
schon bemerkt worden, für das Zipser Komitat
eine Mauer.

Die Länge der Zipser Gespanschaft beträgt
kaum 10, die Breite nicht ganz 6 Meilen. Und

doch zählt man in diesem geringen Raume beynahe 180 Örter, worunter 2 Freystädte, 3
Schlösser, die prio. Sechszehn-Städte und mehrere Marktflecken sind.

Denke Dir nun diesen reizenden Anblick von
den hohen Karpathen. Hier ein buntes Brach-
feld, da Äcker mit grüner Sommerfrucht, gleich
daneben reifende Kornfelder, eine Waldung oder
ein beschatteter Bach, dessen Silberfluthen die
und da die Sommerstrahlen brechen.

So bergig, steil und gewissermassen unfrucht-
bar die Gespanschaft im Ganzen ist, so findet
man doch beynahe, die Waldungen ausgenommen, kein unbebautes Fleckchen — der anhal-
tende Fleiß der Einwohner hat der Mutter Natur ihre Gaben erzwingen müssen. Keine öde
Wildniß, kein kahler angeschwemmter Sandhau-
fen stört die angenehmen Gefühle des Betrachters. Überall sieht er Leben, durch Fleiß und
Thätigkeit erzeugt. Ich werde diesen reinen Genuß, den ich bey dieser Aussicht hatte, nie ganz
vergessen; unter meinen Füssen ausgewitterte Felsen, kärglich, nur hier und da in Spalten, mit
Steinmoos bedeckt; über mir der blaue, lachende

Himmel, und vor meinen Augen diese reizende
Gegend.

Noch muß ich bemerken, daß ich in den obern
Karpathen, wo beynahe alle Vegetation aufhört,
den schönen Tagvogel Apollo sehr häufig gefunden habe. Er sieht beynahe wie ein gemeiner
weißer Schmetterling aus. An den Ober = Flü-
geln hat er vier große und zwey kleinere schwarze
Pünkte, die untern aber sind mit vier hellrothen
versehen, welche mit schwarzen Ringen einge-
faßt sind.

Endlich fanden wir uns genöthigt, wieder
herabzusteigen.

Als wir an dem Sauerbrunnen ankamen,
fanden wir schon eine sehr zahlreiche Gesellschaft,
die theils um zu baden, meistens aber um den
vortrefflichen Sauerbrunnen zu trinken, oder aber
auch, was jetzt sehr häufig geschieht, in Fässern
nach Hause zu führen, hieher gekommen war.

Man füllt den Sauerbrunnen auf Weinlager,
welches dem Wasser einen lieblichen Geschmack
gibt. Im Sommer ist dasselbe ein erfrischendes,
gesundes Getränke.

Einige Klaftern ober dem Sauerbrunnen fand
man vor einigen Jahren eine neue Quelle, die

nebst der Säure einen etwas schweflichten Geschmack hat. Aus dieser wird das Wasser zum
Baden gebraucht.

Die Gegend um den Brunnen herum hat nichts
Idyllisches. Sie ist vielmehr erhaben und rauh.
Es ist nicht das süße Gefühl, welches der Anblick des Schönen und Traulichen in uns erzeugt,
in welchem sich die Seelenkräfte gewissermaßen
auflösen, was wir an diesem Orte empfinden. Der
Anblick dieser Gegend reizt und bringt die Le-
bensgeister in Thätigkeit, nicht um sie abzuspan-
nen, sondern um dieselben zu stärken.

Den 30. August.

O! ein Gott ist's, der der Berge Spitzen
Röthet mit Blitzen.

Dieß ist es, was in diesem Augenblick, in
welchem ich Dir schreibe, meine ganze Seele erfüllt. Den erhabenen Gedanken eines Dichters
fühlen wir nur dann in seiner ganzen Stärke,
wenn er sich uns gelegentlich von selbst aufdringt
und in unserer Seele bildet.

Heute Morgens wurden wir durch ein star-
kes Wetter geweckt. Ich eilte, so gut ich nur
konnte, um es genauer beobachten zu können,

und ich wurde durch den Anblick eines Schau-
spiels belohnt, das einen unbeschreiblichen Eindruck auf mich machte.

Der Gasthof liegt unter der Königsnase,
der höchsten Spitze des Karpaths. Denke
Dir nun diesen ganzen Bergrücken in schwarze
Wolken gehüllt, wie ein Blitz nach dem andern
aus demselben fährt, und dieses alles unter einem fürchterlichen Donnergetöse, dabey gegen
Osten den ganzen Horizont heiter; denke Dir dieses in dem Augenblick, in welchem die Sonne
aufgeht! So sehr ich von Kindheit an den Anblick der Gewitter gewohnt bin, so kam ich doch
durch diesen fürchterlichen und schönen Contrast
beynahe ganz aus der Fassung.

So spricht Gott, dachte ich, der der Berge Spitzen
Röthet mit Blitzen.

Indeß war die Sonne über dem Horizont
und Iris überraschte mich in ihrer ganzen Herrlichkeit. Schien mirs doch, als schwebte über
ihrem Bogen der Engel des Friedens, und göße
aus seinem Füllhorne Fruchtbarkeit und Leben auf
die lechzende Natur.

Das Gewitter ließ nach, indem sich die Wolken in einem fruchtbaren Regen ergoßen — dieß

brachte mich zum Bewußtseyn. Die Sprache kann
es nicht ausdrücken, was man in einem solchen
Augenblicke fühlt, indem schon das Gefühl dem
mächtigen Drange zu unterliegen scheint.

Ich staunte wie ein Knabe, dem die Israe-
litische Gesetzgebung in der Natur gezeigt wird,
und schien es erst jetzt zu begreifen, wie Jehova
reden kann.

Nach einer Stunde wurde es wieder heiter.
Die Sonne zerstreute die Wolken, und ein schöner Tag folgte dieser erhabenen Scene.

Ich ging, ohngeachtet es sehr naß war, etwas tiefer ins Gebirge, um eine bessere Aussicht
zu finden. Wie alles jetzt ganz anders aussah!
Alle Farben wirkten mit doppelter Stärke! hier
der erquickte Baum im Glanze der Sonne! die
Tropfen hingen noch im dunkeln Laub, und bra-
chen die Strahlen derselben. Dort flohen leichte
Nebel, bis auch diese zerrannen. Überall strömte der angenehmste Duft. Alles athmete Leben
und Erquickung.

O Titian, Poussin und Rosa, dieser Anblick
war für euren Pinsel!

Die Zipſer.

a) Ihr Character.

Im Auguſt 1800.

Eine Menge Zipſer umgeben mich. Ihres Um=
gangs entwöhnt, fällt mir ihre Sprache, ihr
Thun und Laſſen ſo ſehr auf, daß ich nicht um=
hin kann, Dir eine kleine Beſchreibung von den=
ſelben zu machen. Es ſoll kein eigentliches Ge=
mälde ſeyn, welches auf Allgemeinheit Anſprü=
che macht; dazu wäre ich viel zu ſchwach.

So kommen mir die Zipſer vor, dieſes
unterſcheidet ſie in meinen Augen von andern
Deutſchen, welche ich kennen lernte.

Die Zipſer ſind Deutſche, ſo wie es deren in
den Bergſtädten ſehr viele gibt. In Oedenburg
und der umliegenden Gegend kann man es nicht
begreifen, wie es möglich ſey, daß es über der
Donau, Preßburg und einige umliegende Ort=
ſchaften ausgenommen, jemand andern als Slo=
vaken geben könne, ohnerachtet man die Zahl

der Deutschen in der Zips und den Bergstädten auf 60,000 setzt*).

Der Zipser ist von Natur lebhaft, ja so gar feurig. Sein Gespräch ist daher selten ohne Gesticulation. Stark vom Körperbau, und von der Arbeit abgehärtet; scheut er keine Mühseligkeit des Lebens. Wenn er gleich viel arbeitet, so verliert er doch selten seine natürliche Gewandtheit.

Ohne Zweifel trägt seine leichte Kleidung (die ungrische) und die frugale Kost mit dazu bey, daß er nicht zur Plumpheit und Unbehülflichkeit, welche man einigen Süd = Deutschen vorwirft, herabsinkt.

Er hat gewöhnlich blaue, freundliche Augen, und im Ganzen gute Züge des Gesichts. Für Reisende, die aus dem benachbarten Galizien oder auch selbst aus dem Liptauer Komitate kommen, ist der Anblick des Zipser's frappant, so sehr contrastirt er gegen die Nachbaren zu seinem Vortheile.

---

*) Kritische Sammlung zur Geschichte der Deutschen in Siebenbürgen (A. D. Eghlsser.)

Des Zipsers Sitten sind, verglichen mit denen der übrigen Deutschen, die ich kennen lernte, einfach, und eben darum beßer; sein Verstand natürlich, mitunter aber ein wenig eingeschränkt. Es versteht sich, daß ich hier von dem ungebildeten Volke rede.

Die Zipser haben, durch die Bank genommen, viel Einbildungskraft, die, wenn sie ausgebildet wird, sich in gute Anlagen umschaffen läßt. Unter 10 studierenden Zipsern sind gewiß kaum zwey, die nicht Talente zur Poesie oder Musik zeigen möchten *).

*) Ein Rezensent (A. L. Z.) findet diese Bemerkung ungegründet, und beruft sich auf die von mir ausgezeichneten Zipser, den sel. General Kray, von Engel, Schwartner und Schwarz. Ob die beyden erstern Männer Phantasie und Anlage zur Dichtkunst besaßen, will ich eben nicht bestimmen; aber so viel kann ich den Herrn Rezensenten versichern, daß ich in Schwarz's Schriften auf Stellen gestoßen bin, die einen hohen Schwung des Geistes verriethen, und daß sein blühender Styl, indem er die trocknesten Materien bearbeitet, für meine Behauptung spreche; Professor v. Schwartner hat in seinen jüngern Jahren eben so schöne lateinische Verse verfertigt, als er jetzt gründliche Diplomatiken und Statistiken schreibt; und hat

Das Volk hingegen verleitet diese natürliche Anlage nicht selten zur Leichtgläubigkeit, zum Aberglauben und zu andern schädlichen Irrthümern. Es kann daher nichts Abentheurlichers gedacht werden, was in der Zips, wenigstens von einigen, nicht geglaubt würde.

Trieb doch erst neuerlich in Iglo ein Schatzspäher sein Wesen auf eine so unverschämte Art, daß ich es einem dritten nicht geglaubt haben würde, wenn ich es nicht selbst erfahren hätte. So sehr auch ein großer Theil des Publikums von der Charlatanerie des armen Schatzgräbers überzeugt war; so konnten die Einsichtsvollen doch nicht eher über den Volksglauben die Oberhand erhalten, bis nicht der Betrüger davon lief.*)

Rezensent nie etwas von Glatzens, Berzefi's, Gotthard's, Prof. Genersich's pontischen Arbeiten gelesen? jener Männer nicht zu gedenken, die nie als Schriftsteller aufgetreten sind. Auf dem Oedenburger und Preßburger Gymnasium nahm man immer jeden studierenden Zipser für einen Dichter.

*) Dieser Mensch gab vor, daß er den Ort genau bestimmen könne, wo man den Gang der Erze zuversichtlich finden muß. Er hieb daher unter

Treu, bieder und ohne Falsch lieben sie mit
wärmer Innigkeit ihren König und ihr Vaterland.
Diese Tugenden rühmte Stephan der IV. an
ihren Verfahren. Schon vor 700 Jahren schreibt
er in der bekannten Handfeste, durch welche er
ihre Vorrechte bestättigt und weiter aus einander setzt:

"Niemand darf sie (die Zipser) außer ihrer
Provinz belangen, meistens darum, weil sie einfache redliche Menschen sind, die sich in
die adeliche Rechtspflege nie ganz finden werden.
Diese mit Ackerbau und andern Arbeiten beschäftigte Menschen sollen eigene Rechte und eigene
Gesetze haben. Die Rechtspflege soll Gliedern,
welche aus ihrer Mitte gewählt sind, überlassen
seyn."

Wer die Zipser ein einfältiges Volk schilt,
wer ihnen alle Energie und Originalität abspricht,
kennt sie nicht. Wer den gewiß stiefmütterlichen
Boden, welchen sie mit rastlosem Fleiße culti-
virt haben, und dabey ihren, gegen die be-

---

dem abgeschmacktesten Hokus Pokus in der
Luft herum, und versicherte dann, den Berggeist
vernommen zu haben.

nachbarten Komitate abstechenden Wohlstand kennt,
wird, ohne vertraut mit ihrer Lage zu seyn, ihnen die vollkommenste Gerechtigkeit widerfahren
lassen.

Ihre Knickerey, und der ihnen oft gemachte
Vorwurf, wie wenn sie gar nicht zu leben wüß-
ten, ist wenigstens kein Beweis ihrer Armuth.
Sie sind an Frugalität gewöhnt, und halten nicht
viel auf Schmausereyen und Luxus, weil sie sich
bey ihrer Lebensart gut befinden *).

Daß ein Haufe armer unzufriedener Kolonisten, der sich in einem eben nicht fruchtbaren Lande ansiedelte, anfangs sehr kümmerlich werde haben leben müssen, daß aus diesem nothdürftigen
ursprünglichen Zustand noch Manches auf die Nach-
kommen sich mag verpflanzt haben, ist auf der
einen Seite natürlich, auf der andern aber das
schönste Lob, das man einer Nation bringen kann,
die in bessern Umständen sich nicht der Schwelge-
rey, nicht dem Wohlleben hingibt, die auch dann

---

*) Dem Vernehmen nach soll sich dieß inzwischen
jetzt sehr geändert haben; Bälle, Theater und
ähnliche, vom Luxus erzeugte Bedürfnisse sind ihnen jetzt nicht mehr so fremd und selten, als noch
vor 8 bis 10 Jahren.

spart und zusammenhält, wo sie es nicht nöthig
hätte.

Zu allen diesem kommt noch der Umstand,
daß der ganze Vorwurf nicht einmal halb wahr
ist. Die Städter in der Zips kennen so gut die
Lebensart und Sitten ihrer Nachbarn, wißen sie
so gut nachzuahmen, daß man eben nicht viel
Grund zu Klagen dieser Art, wenigstens zu unsern Zeiten mehr, hat.

Bey ihrer Arbeitsamkeit und Güte sind die
Zipser in einem vorzüglichen Grad religiös,
d. h., sie besuchen den öffentlichen Gottesdienst
gerne, und wohnen demselben mit musterhafter
Wißbegierde bey; weil sie ihn, besonders öffent-
liche Vorträge, für ein sicheres Mittel betrachten, ihre Kenntniße von Gott und seinem Willen
zu vermehren.

Ihre Religions-Lehrer stehen daher bey ihnen in einem größern Ansehen, als irgendwo in
Ungern. Diese Werthschätzung eines der Mensch-
heit unentbehrlichen Standes bringt gewiß ihren Herzen Ehre, da er sich nicht auf blinden
Aberglauben, sondern auf ein natürliches Gefühl gründet, das ein guter Zuhörer gegen seinen
Lehrer, dem Berichtiger seiner Einsichten und

Grundsätze, fühlen muß. Diese warme Anhäng-
lichkeit haben sie vorzüglich bey der Festhaltung
ihrer religiösen Grundsätze, die sehr stark in An-
spruch genommen wurden, behauptet und an den
Tag gelegt. Denn die meisten Zipser-Deutschen
bekennen sich zur Evangelisch-Lutherischen Kirche.

Ihre Cultur haben die Zipser zum Theil ihren deutschen Brüdern zu verdanken, indem sie
theils mehr Bücher lesen als andere Bewohner
Ungerns, theils aber die Bildung der auf deutschen Universitäten weiter Vorgerückten annehmen.
Ohnstreitig ist nirgends der wohlthätige Einfluß
deutscher Cultur so auffallend sichtbar, als an
dieser Karpathen-Bewohnern. Da sie, besonders schon durch ihre Lage gegen die Laster und
Abgeschmacktheiten großer Städte geschützt, nicht
angesteckt werden können, erleuchtet sie blos der
bessere und wohlthätigere Zweig der Cultur, Humanität.

(Wird fortgesetzt.)

II.

Oedenburg.

a) Literatur.

Da die Tendenz gegenwärtiger Beyträge auf der einen Seite vorzüglich diese ist, geographische und naturhistorische Kenntniße von unserem Vaterlande zu verbreiten, auf der andern aber einem Manne vorzuarbeiten, der mit der Zeit die Sehnsucht nach einer gut geschriebenen Geographie von Ungern erfüllen könnte: so glaube ich nicht unzweckmäßig zu handeln, wenn ich unter andern auch auf die Literatur einzelner Gegenden mein Augenmerk richten werde.

Dieß ist besonders für Ungern bey dem Mangel an vaterländischen gelehrten Zeitungen ein großes Bedürfniß. Wer kann, ohne höchst ungerecht zu seyn, einem einzelnen Manne die Kennt-

niß aller vorhandenen Quellen zumachen? und
doch ist bey historischen, und selbst topogra-
phischen Beschreibungen die Kenntniß derselben
unumgänglich nothwendig, wenn man treu und
vollständig seyn, und die gerechten Forderungen
des Publikums, die es an einen solchen Schriftsteller mit Befugniß machen kann, befriedigen
will.

Ich mache den Anfang mit der Oedenburger
Literatur, und wünsche durch mein Beyspiel andere meiner Herren Landsleute, die Beruf dazu fühlen, zur Nachahmung aufzumuntern. Ich
werde ihre Beyträge, wenn sie mir dieselbe gü-
tigst mittheilen wollen, in den folgenden Jahr-
gängen mit Freuden bekannt machen.

Über das Steinreich ist meines Wissens von
der Oedenburger Gegend bis jetzt noch Nichts in
das Publikum gekommen. Ich hoffe daher mit
meinen "Lithographischen Fragmenten" diese Lü-
cke etwas zu füllen. Was Bruckmann unter die
"Memorabilia Soproniensia" zählt, ist mir,
da ich sein beynahe selten gewordenes Buch:

   "Centuriae epistolarum itinerarium &c.
   Wolfenbüttelae 1742. in 4to.

nicht kenne, auch unbekannt.

In dem zweyten Bande des ungrischen Ma-
gazins, Preßburg 1782 stehet Seite 5 ein Auf-
saß:

"Bemerkungen über die Entomolie überhaupt;
nebst Beytrágen zur Kenntniß der um Oedenburg befindlichen Insecten. Von Doctor Joseph Conrad."

Die Sammlung der beschriebenen Insecten war
sehr vollstándig, und ein Beweis von dem großen
Fleiße des, für die ungrische Literatur zu früh Verblichenen.

In dem Nachlaße dieses gelehrten Mannes
fand ich die Kopie eines Manuscripts, II Bán-
de in 4to, welches den Titel führt:

"Flora Semproniensis ordine alphabetico
proposita. Seu Consignatio Plantarum,
fructicum, florum, arborum in agro Sem-
proniensi occurrentium facta per duum
viros Carol. Frid. Lew. M. D. et Johan.
Christ. Deccard, Gymnasii Semproniensis
Rectorem. Denuo revisa et recognita no-
visque animadversionibus et observationi-
bus tum botanicis, tum medicis, vires et
usum herbarum concernentibus hinc inde

locupletatum, opera et Studio Grilhelmi,
Deccardi Semp. Hungari. M. D. &c.

Das Original dieser im Conradischen Nachlaße vorhandenen Copie schließt mit einer Ab-
handlüng:

"De praestantia arborum fructiferarum in
agro Soproniensi occurrantium et indu-
stria cultarum, ob delectationem studii
herbarii conscripta et consignata, per J.
C. Deccard."

Diese Abschrift hat der selige J. Conrad mit
theils berichtigenden, theils weiter ausführenden
Anmerkungen vermehrt.

Wohin das Original, welches mit einem, in
einer zierlichen Einfaßung mit roth und schwarzer
Dinte geschriebenen Titel versehen gewesen ist,
hingekommen seyn mag? ist mir ganz unbekannt.

Ein für die Kirchen- und Politische-Geschichte
merkwürdiges Manuscript aus den vorigen Jahr-
hunderten befindet sich in der Evang. Schulbibliothek. Es ist um so interessanter, da die darin
enthaltenen Nachrichten in einen wichtigen Zeit-
abschnitt fallen, und von Augenzeugen geschrie-
ben sind. Es hat zwey Männer zu Verfassern,
was dem Leser, der die sonderbare Komposition

nicht gleich bemerkt, das Lesen und Auffassen der
geschriebenen Nachrichten, bey der verblichenen,
unleserlichenen Schrift sehr erschwert, da besonders alles in Pausch und Bogen unter einander
geworfen ist. Dieses mag der ursprüngliche Verfasser Marx Fauthen durch diesen Umstand veranlaßt haben, daß er sein M. S. mit weißem
Papier durchschossen. Später fiel dem Melchior
Klein dasselbe in die Hände, der dann auf den
weißen Blättern die ihm bekannten Nachrichten
beyfügte. Der Titel lautet in Extenso folgen-
dermassen:

"Kurze Verzeichnuß, was sich zum Theil vor
Menschengedenken und hernach bey unsern Zeiten in denen Jahren, von Anno 1529 bis auf
diß 1611 Jahr, zu Oedenburg und in denen
ummligenden Ländern zugetragen. Von Marx
Fauthen Rathsbürgern allhie zu Oedenburg
(Und Melchior Klein von Leipzig aus Meißen
bürtig, auch Burger, einer e. G. allhier in
Oedenburg verordneter Vormundt, schlecht und
recht beschrieben) den Nachkömmlingen zum
Undterricht und Nachrichtung."

Melchior Klein ist, wie es der Titel schon
sagt, ein Ausländer, welcher 1578. nach Oe-

denburg, zum lateinischen Schulmeister — damals war dieser Name ein Ehrentitel — beru-
fen und befördert wurde. Sein College M. Ca-
spar Dreitvogel kam 5 Jahre (1573.) früher auß
Baden, woher er auch gebürtig war, nach Oedenburg. Ein Mann, der die "hiesige Jugend
gar trefflich in prosa et ligata oratione, nec
non in Graecia et Latinis unterrichtete" und
dessen ich hier darum erwähne, weil er für den
antesignanus der Reformation in Oedenburg
gehalten werden kann. Was Herr Klein also
von dieser wichtigen Epoche erzählt, erzählt er
als Augenzeuge.

Die Glaubwürdigkeit Marx Fauthens verbürgt
zum Theil schon sein Amt, das er in dieser Zeit
bekleidete. Besonders schätzbar sind daher die
Nachrichten, welche er über das Betragen der
Oedenburger, bey den vielfältigen innerlichen
und äußerlichen Unruhen der damaligen Epoche
gibt. Was er von den ältern Zeiten erzählt,
scheint er aus einem alten Manuscript excerpirt
zu haben.

Beyde dieser Männer waren Freunde der Reformation, sprechen aber, was beyden sehr zum

Ruhme gereicht, gegen den Geiſt ihres Zeitalters,
in einem gemäßigten Tone.

Sehr intereſſant macht dieſes Manuſcript ſein
eigenes Colorit, welches der Genius jener Zeiten dieſen Blättern aufgedrückt hat, und der
ſchöne Genuß, welchen der Leſer hat, wenn er
jene Zeiten mit den ſeinigen, und jenes Publikum mit ſeinen Zeitgenoſſen vergleicht *).

Außer dieſem Manuſcript finden ſich noch in
gedachter Schulbibliothek zwey Bände Urkunden
und Dokumenten-Sammlungen in Folio, von
welchen der eine die Kirchengeſchichte der Prote-
ſtanten in Ungern überhaupt, der andere aber
die politiſche Ereigniſſe Oedenburgs betreffenden
Schriften enthält.

(Wird fortgeſetzt.)

---

*) Außer einem gedrängten Auszuge, welchen ich mir
bey der mühſamen Lektur dieſes Mspts. machte,
wollte ich mir es vor einem Jahre zur Abſchrift
ausbitten, mußte aber vernehmen, daß es bereits
verlohren gegangen ſey, was, wenn es ſich be-
ſtättigen möchte, dem Aufſeher der Schulbibliothek, eben keine Ehre machen würde. Inzwi-
ſchen kann ich dem Freunde der vaterländiſchen
Geſchichte die angenehme Nachricht geben, daß
ſich bey dem Herrn Regiſtrator v. Köhler in Wien
eine Abſchrift von dieſem Mspte befinde.

b) Beyträge zu einer künftigen Lithographie der Ol-
denburger Gegend. (In Briefen an Hrn. Prof.
Lenz in Jena) 1799.

Erster Brief.

Wie oft habe ich nicht schon an Sie, wie oft
an mein Versprechen gedacht, durch ein ununter-
brochenes Studium der Natur-Geschichte, besonders aber des Mineral-Reichs, Ihr freund-
schaftliches Andenken zu ehren. Sie haben, in
dem Sie meine Neigung für Geognosie weckten,
meinem Leben einen neuen Reiz gegeben, und
für mein Herz neue Kanäle eröffnet, durch welche Freude und inniges Wohlbehagen demselben
von allen Seiten zuströmt.

Gedankenlos ging ich sonst die ungeheuren
Felsenwände unserer Karpathen vorüber. Von
ihrer Größe hingerissen, fühlte ich oft einen
flüchtigen, unangenehmen Schauer, der mich

nöthigte, weiter zu gehen, um im nächsten Busche
vielleicht bey dem lieblichen Gesange der Vögel
mich aufzuheitern. Jetzt schließe ich mich trau-
lich an dieselben an, und freue mich ihres Daseyns. Ich untersuche ihre Natur, ihre Lage;
sondre die fremdartigen Theile ab, und verfolge
ihre fortlaufende Kette bis ins Centrum der Erde.
Ich sehe im Geiste ihre Kanäle und Gänge, ihre
Klüften und Höhlen mit mineralogischen Seltenheiten gefüllt; hier Krystalle, da Amethyste, dort
Versteinerungen und in denselben Spuren einer Generation von Thieren, die hier jetzt nicht mehr existirt. Dann eile ich Jahrtausende zurück in die
dunkle Vergangenheit; eine milde Luft umweht
meine Stirne, Elephanten weiden zu meinen Füßen, Kokusnüsse und Citronen blühen um mich
her; da bespühlt der Ocean lachende Auen;
hier schließt sich von der andern Seite eine Reihe reizender Thäler und Berge an, die sich allmählig im entfernten Blau des Himmels verlieren. — Auf einmal öffnen sich die Fenster des
Himmels, der tobende Ocean tritt aus seinen
Ufern, Vulkane brausen und speyen Feuer und
Lava. Eine unsichtbare Macht rettet mich aus
der Gefahr; denn wild tobt es unter mir, bis
                                          sich

sich nach und nach der Kampf der Elemente in der furchtbaren Krisis erschöpft. Gebirge erheben sich wieder, und Thäler bilden sich; ein neues Klima und eine neue Schöpfung folgt dieser fürchterlichen Katastrophe. Jetzt stehen kahle Felsen da, wo ehedem Flora in ihrer Pracht thronte; aus den Klüften derselben erhebt sich der Geyer und Adler; der zottige Bär tritt brummend aus seiner Höhle, und keine Spur verräth den friedlichen Elephanten mehr, nur noch Jahrtausenden entdeckt man in Petrefakten seine Gebeine. Wo der Palmbaum stand, und die Citrone im Sonnenschein glühte, erhebt die stolze Tanne ihr Haupt, und Tannzapfen mit Eicheln liegen jetzt auf dem Boden vom Moose bedeckt. — Doch erschrecken Sie nicht über meine gigantischen Vorstellungen von den Metamorphosen unseres Erdballs. Die Hauptkrisen waren mit der Schöpfung des Menschen größtentheils geendiget; die Natur war in ihren Theilen zur Reife gekommen. Was wir jetzt sehen, sind, ohnerachtet oft unser Erstaunen dadurch im hohen Grade erregt wird, doch nichts mehr, denn leichte Nachwehen der Natur, die schon geboren hat. Mit welchem Recht können wir also das, was

wir jetzt noch zuweilen sehen, zum Maaßstabe
des zu vermuthenden annehmen? Ich gestehe,
daß ich der kleinlichen Aengstlichkeit einiger Oryk-
tognosten lachen muß, mit der sie allem Gewalt-
thätigen und Tumultuarischen in der Erklärung
vieler Erscheinungen aus dem Wege gehen. Groß
und erhaben ist mir die Natur in ihren Theilen,
warum sollte ich sie in ihren Krisen nicht eben so
finden dürfen? Was ich auf meiner Reise über
die Karpathen bemerkt, und in mineralogischer
Hinsicht Merkwürdiges gefunden habe, werde
ich Ihnen ein andermal mittheilen. Jetzt etwas
aus den weit mildern Gegenden des eigentlichen
Pannoniens, aus den Gefilden Oedenburgs. Sie
verdienen wirklich die Aufmerksamkeit des Geo-
gnosten.

Wenn je eine Gegend im voraus meine Neu-
gierde reizte, so war es diese. Sie kennen die
Oedenburger Weine, das hiesige vortrefliche Obst,
und die glückliche Lage der Stadt am Neusiedler-
see. Hr. v. Fichtel *) will die Güte des To-
kayers dem vulkanischen Boden, worauf er wächst,

*) In seinen mineralogischen Bemerkungen von den
Karpathen. Wien 1791. 8.

zuschreiben. Sollten, dacht ich, um Oedenburg herum nicht auch einmal Vulkane gebrannt, nicht auch eine Berghöhle, wie einst in der Schweiz und neulich in Siberien *), zusammengestürzt, und das isolirte Gewässer des See's hervorgebracht haben? Mit diesen Betrachtungen begann ich meine Untersuchungen, aber troß aller Neigung, die ich hatte, Vulkane zu finden, mußte ich zu Neptuns Fahne schwören. Um Oedenburg herum wenigstens ist er gewiß Alleinherrscher. Außer der Abwesenheit aller wirklich vulkanischen, oder vulkanisch seynsollenden Produkte, finden sich hier noch eine Menge Petrefakten; ganze Lagen von Muscheln in Kalkstein, die ununterbrochen fast in horizontalen Schichten durch ganze Berge laufen, Chamiten, Pektiniten, Ichthyopetren u. a.

---

*) Die im J. 1794. bekannt gewordene traurige Begebenheit des Einsturzes einer mächtigen Strecke in Siberien ist eine für die Theorie der Gebirgshebung lautsprechende Thatsache. Ein See wurde auf diesem Plaße, wahrscheinlich von dem unter dem Gebirge gestandenen Wasser, gebildet. S. v. Fichtel, l. c.

Doch ich muß mir selbst nicht voreilen. Zuvörderst will ich dir einzelnen Arten der hiesigen Steine beschreiben — und die Aufzählung derselben mit einer Übersicht, und mit Bemerkungen über die Lagen der Gebirge, die wahrscheinliche Entstehung des See's, über das Phänomen seiner Ab= und Zunahme, seiner vorgeblichen Kommunikation mit dem Donaustrome, beschließen. Möchte dieser kleine Versuch geschicktere Männer reizen, in den Gegenden ihres Aufenthaltes ein Gleiches zu thun, so würde ich herrlich belohnt seyn; denn so würde der Weg zur Kenntniß der Natur=Produkte unsers Vaterlandes, das für den Ausländer noch ziemlich eine terra incognita ist, glücklich begonnen, und einem würdigen Manne gut vorgearbeitet werden, der uns mit einer vollständigen Naturgeschichte der Produkte Ungerns zu beschenken gedenkt.

Steinkohlen bey Oedenburg. 1799.

Ohngefähr zu Anfang des sechsten Decenniums dieses zu seinem Ende eilenden Jahrhunderts entdeckte ein Deutscher, Namens Rieder, aus Schwaben, auf dem sogenannten Brenn-

berge.*) nicht weit von Wandorf und Agendorf,
auf dem Oedenburger Boden die Steinkohlen.
Die Sache machte damals schon darum nicht das
geringste Aufsehen, weil die wenigsten wußten,
was? und wozu Steinkohlen wären? — der
Entdecker war ein Nagelschmid. Er trug daher
zu seinem Bedürfniß welche nach Hause. Dieß
veranlaßte einen Verdacht gegen den Mann, als
ob er aus Holz Kohlen brenne, was natürlich, als
unerlaubt, den in Oedenburg seßhaften Schreiben strafbar gemacht hätte. Diese Untersuchung
weckte zuerst die Aufmerksamkeit des Stadtma-
gistrats. Darauf entschlossen sich einige Privat-
leute auf vieles Zureden des gutmüthigen Deutschen, der, da er von seiner Heimath her eini-

---

*) Der Nahme läßt mich in den ältern Zeiten einen
Brand, wie der neulich bey Fünfkirchen war,
vermuthen, der zufällig entstanden, aber auch von
sich selbst gedämpfet wurde, dem Berge die Benennung gab.

Jetzt (1800.) fand man wirklich bey den Steinkohlen Ausbissen, Schlacken, die deutlich von einem wirklichen Brand zeigen. Sie sind aus dem
über den Steinkohlen befindlichen Sandmergel
und aus der Asche der verbrannten Steinkohlen
zusammen geflossen.

ge Kenntniſſe von dem Nutzen der Steinkohlen
haben mochte, ihn auch den Oedenburgern au-
genſcheinlich zu machen ſuchte, weiter zu graben,
bis im Jahr 1765 auf einen, durch den Herrn
Hofrath und Königl. Kommiſſair v. Kálloczy an
Se. Majeſtät erſtatteten Bericht, der Stadt Oedenburg anbefohlen wurde, die Steinkohlen weiter fortzubauen, und das zu erlangende Bergwerk für Rechnung der Stadt (pro Cassa do-
mestica) zu verwalten. Man errichtete daher
in der Stadt ein Magazin; unterhielt auch einige Bergleute. Da aber letztere meiſtens gewiſ-
ſenloſe, unwiſſende Menſchen, die ohne alle
Kenntniſſe in den Tag hineinarbeiteten, und auf
der andern Seite faſt gar keine Abnehmer waren,
die gewonnenen Steinkohlen auch nach und nach
zu Grunde giengen, war es natürlich, daß der
ganze, offenbar zum Nachtheile der Stadt ge-
triebene Bau, nach bevor erſtattetem Bericht an
die Hofſtelle, aufgegeben wurde.

Den Verſchleiß und Abſatz der Steinkohlen
hinderte meiſtens der Mangel an Kenntniß dieſes Natur = Produkts, mehr aber der, aus der
jetzt erwähnten Urſache fließende Umſtand: daß
die hieſigen Feuerarbeiter die Steinkohlen bey der

Feurung nicht gehörig zu gebrauchen wußten.
Die Stadt hatte also bey dem Bau offenbaren
Schaden, und er gerieth in Stocken. ——

Die Geschichte dieser Zwischen-Perioden iß
halb lustig und halb traurig. Einige Privat-
Unternehmer wollten klüger als der Rath seyn,
machten einzelne Versuche, und gaben dieselben,
da sie ohne alle Kenntniß zu Werke giengen, bald
wieder auf. Bis endlich 1787 durch Se. Ex-
cellenz den Königl. Kreiskommissair Herrn Grafen Györy dem Stadtrath befohlen wurde, allgemein kund machen zu lassen: Daß es jedem frey stünde, ohne Entrichtung
irgend eines Pacht-Zinses, auf dem
Brennberge Steinkohlen graben zu
dürfen. Der Befehl wurde publicirt.

Indeß fanden sich, durch die schon misrathe-
nen Versuche abgeschreckt, keine Unternehmer;
bis im Jahre 1789 ein Bergknappe Wenzel Schneider sich auf 3 Jahr von dem hiesigen Magistrate
die Erlaubniß, unentgeltlich Steinkohlen graben
zu dürfen, ausbat, die er auch erhielt.

Dieser Wenzel Schneider, so eingeschränkt
seine Kenntnisse im Bergbaue seyn mochten, war
indessen doch der Erste, der ein ordentliches Berg-

werk anlegte. Er schlug einen Stollen in den
Berg, durch welchen er sich von den Hindernis-
sen, die, indem von allen Seiten Wässer zu-
strömte, seinen Vorgängern die Arbeit so sehr er-
schwerten, befreyete.

Indeß, der Mann war arm; ohne Unter-
stützung mußte er sich bald um fremde Hülfe um-
sehen. Diese fand er auch in den beyden Herren
Grafen Eugenius Falkenheim und Wrbna zu
Wien.

Das warme Interesse, das diese beyde Männer an dem Baue der Steinkohlen nahmen, der
Eifer, mit dem sie zu bauen anfiengen, machte
den Magistrat auf die Vortheile des Steinkohlen-
Baues aufmerksam. Der Verschleiß wuchs,
und mit ihm stieg der Gewinn der Interessenten.

Nach Verlauf also dieser drey, dem Wenzel
Schneider zugestandenen Jahre, da schon eine
ordentliche Steinkohlen-Grube existirte, wurde
das Recht, Steinkohlen graben zu dürfen, öf-
fentlicher Pacht-Versteigerung ausgesetzt, und
der Stadt Oedenburg von den Unternehmern
eine jährliche Arenda von 40 Rfl. versprochen.

Nun trieb man den Bau ins Große; der
Berg wurde an verschiedenen Orten geöffnet, ein

zahlreiches Amts-Personale unterhalten, und von den Pächtern, in Hoffnung einer reichen Ausbeute, erhebliche Auslagen gemacht. Demiohnerachtet bemerkte der Kehner des Bergbaues mit Mißvergnügen, daß der Bau nicht ganz planmäßig fortgetrieben wurde.

Ganz anders stehen die Sachen jetzt. Den 20. Oktober 1793 trat zu den älteren Pächtern die K. K. priv. Steinkohlen- und Kanal-Bau-Aktien-Gesellschaft, deren Mitglied, wie bekannt, Se. Majestät der Kaiser selbst ist, und schloß mit der Stadt einen Kontrakt, nach welchem die genannte Gesellschaft, auf immerwährende Zeiten, den Bau der Steinkohlen-Grube in Pacht genommen.

Die Gesellschaft zahlt für jeden Centner Steinkohlen, der gewonnen und verkauft wird, 1 kr., sage einen Kreuzer, an die Stadtkammer-Kasse. Dabey hat Oedenburg noch diesen Vortheil, daß ein Oedenburger Bürger für einen Centner nur 12 kr. zahlen darf. Fremde geben 20 kr.

So unbedeutend diese Verpachtung scheinen mag, so fließen doch jetzt (1798) schon an die

Kaſſe 350 bis 400 Rfl. *) jährlicher reiner Ge=
winn. Welch eine ergiebige Quelle des Erwerbs
iſt nicht für die beyden Stadtdörfer Agendorf und
Wandorf eröffnet, da beſonders die erſteren die
Verführung übernommen haben. Rechnen Sie
noch dazu die Erwartungen, zu denen uns die
Bemühungen der Geſellſchaft brrechtigten, wenn
der Verſchleiß durch den Kanal befördert würde,
und die Wichtigkeit unſers Steinkohlen=Baues
wird Ihnen einleuchten. Der Bau ſieht jetzt an=
ders aus. — Alles iſt ſo plan= und zweckmäßig
eingerichtet; alles mit ſo viel Pünktlichkeit und
Eifer ausgeführt, daß man ſich bey dem Anblick
deſſelben freuen muß. Ich bin verfloſſenen Som=
mer ein Paar Mal in das Bergwerk gefahren, und
fand mich außerordentlich überraſcht, da ich die
bedeutende Verſchiedenheit des jetzigen Baues,
von dem vor 4 Jahren, bemerkte.

---

*) Seit einigen Jahren iſt dieſe Summe außerordent-
lich angewachſen. Das vorige (1800) Jahr be-
ſtand die Ausbeute in 138114 Centner, mithin
fielen in die Stadtkammer=Kaſſe 2301 fl. 54 kr.
reinen Gewinnſtes. Blos in der, in Oedenburg neu-
angelegten Glashütte werden wöchentlich an die
300 Centner, oft auch noch mehr, verbraucht.

Der Gebrauch der Steinkohlen wird jetzt
schon allgemeiner. Die strenge Kälte des vorigen Winters schien unsern Nasen die überfeine
Reizbarkeit benommen zu haben; wir fangen an,
sie mit dem Holz gemischt zu gebrauchen, um
dem allgemeinen Holzmangel vorzubeugen, oder
wenigstens uns vor dem theuren Einkaufe des Hol-
zes zu schützen. —

Ich war in der Geschichte unsers Steinkoh-
len-Baues mit Absicht etwas umständlicher; weil
dieselbe eine Art Typus fast aller Erfindungen
und Entdeckungen seyn kann, die in unserm Vaterlande gemacht werden. Gewöhnlich, wir
wollen aufrichtig seyn, waren es Ausländer, die
uns auf die Schätze und Reichthümer unsers
Vaterlandes aufmerksam machten; aber — — —
doch auch wir selbst werden anfangen, die Schätze,
welche die Natur in unserm Vaterlande uns darbietet, besser zu benutzen.

"Vielleicht, daß uns auch hier ein Tag entgegen tritt!
Ich nehme dieß Vielleicht bis an die äußern Grenzen
Des Lebens zum Gefährten mit."

Fürs erste, studiert unsere Jugend jetzt offenbar zweckmäßiger. Unsere Theologen lernen es

nach und nach einsehen, daß das Predigen allein ihre Würde nicht begründe; den Zweck ihres Daseyns nicht genug fülle; daß es nicht hinlänglich seye, dem Landmanne Mosen und die
Propheten auszulegen; daß man ihm von allen
Seiten an die Hand gehen müsse; daß den allgemeinen Vorwürfen, die dem geistlichen Stande mit Recht oder mit Unrecht gemacht werden,
nicht Klagen, sondern solide, reelle, ins prakti-
sche Leben eingreifende Kenntnisse entgegengesetzt
werden müssen, und daß auch auf diesem Wege
der Verfall der Religion und Achtung dieses so
wichtigen Standes abgewendet werden könne;
daß die Bildung der Jugend nicht so gewissenlos
dürfe vernachläßiget werden. Und schon kommen
Naturwissenschaften auch in dem Series der Per-
tractandorum auf einigen unsern Gymnasien
auf eine Art vor, wie es bis jetzt nicht geschehen.
Man fängt an, mit den Beschreibungen das Vor-
zeigen der Objekte zu verbinden, und an guten
Schulen zu diesem Behufe Naturalien-Kabinette
anzulegen, was besonders mit ungrischen Pro-
dukten sehr leicht und ohne viele Kosten geschehen kann.

Wie sehr müßte ich mich irren, wenn durch
diese Methode, (denn jede andere ist nicht nur
schädliche Zeitversplitterung, sondern sie hat auch
noch das Übel an sich, daß sie jungen Köpfen
Abneigung gegen die Naturwissenschaften einflößen
muß) nicht Liebe und Interesse für dieselben bey
vielen Studirenden erzeugt werden sollte.

Unsere Steinkohlen = Lage besteht offenbar
aus der bekannten Pechkohle (bitumen, lithan-
trax piceus), die sich dem englischen Gagat
(bitumen gagates) sehr nähert. — Sie sind
von einer dunkelschwarzen Farbe; brechen derb;
und finden sich zuweilen bunt angelaufen, dies
mag wohl von der schiefrigen Textur herrühren,
die in unsern Steinkohlen = Lagen auffallend ist.
Nur findet man sie selten von einem vollkommen
muschlichten Bruch. Die Bruchstücke sind unbe-
stimmt eckig, dabey spröde und leicht zersprengbar.

Indeß wechseln die Steinkohlen doch auffallend ab, und daher läßt sich auch aus einzelnen
Kabinet = Stücken die Gattung derselben schwer
bestimmen. Einige kommen der Braunkohle
(Bitumen spyssaxilon) näher; andere der er-
digen Braunkohle (Bitumen spyssaxilon fria-

bile); wiederum andere dem Gagat; die Haupt-
masse indessen ist offenbar eine Pechkohle.

Sonderbar ist es, daß die Steinkohlen-Lage
mehr auf dem Berge als tief in demselben liegt.
Man steigt schon einige Klafter hoch, bis man
zum Magazine kommt, das ziemlich in der Höhe
steht, wo das Steinkohlen = Lager angesetzt liegt,
und ich würde die Mächtigkeit der Steinkohlen-
masse kaum über 100 Quadratklaftern schätzen,
wenn mich nicht die später gemachten Erfahrungen
von der Größe dieses Flözes überzeugt hätten.
In dem Stollen bemerkte ich zwischen ganz reinen
Kohlen eine 3 bis 4 Zoll breite Schlamm=Lage,
die fast in einer ganz horizontalen Richtung den
Berg durchschneidet. Etwas nur fällt sie gegen
Norden zu. Ein Umstand, der laut für die Ab-
setzung durchs Wasser spricht. Zuweilen kommt
man auf mehrere Klafter dicke, perpendikulär das
Flöz trennende Keule von Letten, die ich mir
nicht anders erklären kann, als daß das Flöz durch
irgend ein Ereigniß der Natur Risse bekommen
habe, welche nach und nach wieder verschlämmt
wurden. Ich werde Ihnen, mein Freund, die
Art, wie ich sie mir denke, einmal weitläuftiger
mittheilen, und sie Ihnen zur Prüfung übergeben.

Nicht selten kommen unsere Steinkohlen

a) mit Schwefelkies angeflogen, oder als
   krystallisirte Rinden in ihren Klüften vor,
   der oft bunt angelaufen erscheint, was
   sehr hübsch aussieht. Dieser angeflogene
   Kies hat selten eine regelmäßige Krystallisation. Der bunt angelaufene formt
   kleine Dreyecke, die wieder kleine Con-
   glomerate bilden. Es sind Quadrate,
   von denen man nur ein hervorragendes
   Eck sieht. Der schimmernde Glanz dieses Schwefelkieses veranlaßt bey dem
   Volk wunderliche Sagen, über die der
   Kenner lächeln muß. Ich würde dieses
   Umstandes nicht erwähnen, wenn unter
   andern der Glaube bey uns, selbst bey
   einem großen Theil der Gebildetern, nicht
   allgemein wäre, als wenn unter diesem
   schimmernden Metalle etwas mehr stecken
   müßte. Mehr Aufmerksamkeit verdient
   unstreitig

b) der krystallisirte Alaun, der in unserm
   Steinkohlenflöz, besonders in einigen
   Gegenden vorkommt. Ich hielt diesen
   krystallisirten Alaun lange blos für ein

Stadtmährchen, indem ich ein paar Mal im Gebirge war, ohne auch nur eine Spur davon bemerkt zu haben, bis man mich einmal in die Obergänge (vulgo Schwefelgänge) führte.

Ich muß gestehn, daß mich die Schönheit dieser feinen Krystalle angenehm überraschte. Sie sind an Farbe und Gestalt sehr verschieden. Die auffallendste Art für mich war die milchweiße Gattung. Sie hat einen schönen Perlenmutterglanz. Die Krystallisation ist unregelmäßig. Bey dem ersten Anblick würde man sie für Sattelförmig halten; mit bewafnetem Auge aber bemerkte ich, daß es durcheinander verflochtene Krystalle waren, deren eigentliche Gestalt sich auf nichts bestimmtes zurückführen lasse. Eine Unterabtheilung in dieser Gattung macht die ochergelbe, oft ins braune übergehende Farbe.

Die übrigen Krystalle schießen in verworrenen Nadeln oder auch samtartig, und fallen gut in die Augen, einige hängen büschelförmig die Klüfte herab, und sind oft von der Länge eines Schuhs; diese Gattung Alaun hat eine glänzende, silberweiße Farbe. Zuweilen findet sich auf den Alaun - Krystallen eingesprengter Schwefel.

Sonst

Sonſt iſt in der ganzen Gegend herum, troß meines vielfältigen Suchens, nicht die geringſte
Spur von Vulkanität; vielmehr ſpricht die ganze
Lage für Landesnähe und Neptunismus. Die
Steinkohlen-Lage fand ich von der unſerer Flözgebirge ganz verſchieden. Erſtere fällt gegen Norden zu, ſo wie die der Flözgebirge dem Nieder-
gang zu zu ſteigen ſcheint. Oſtwärts gegen den
Neuſiedler-See fallen die Flözgebirge ſehr auffallend, und in der Nähe des See's verlieren ſie
ſich. Doch davon ein andermal.

Gebirgs-Arten.

A. Urgebirge ſind in unſern Gegenden keine
  ſichtbar. Nur an einzelnen Orten ragen
  ſie aus den Flözen hervor.

Beſonders ſcheinen die Löver und die den
Lövern zunächſtliegenden Berge die letzten Zweige
der Kärntniſchen und Steyermärkiſchen Urgebirge zu ſeyn, die aber ſchon zum Theil mit Flözen
angeſchwemmt ſind. Man findet an einigen
Orten:

  a) Den ſchönſten Granit, an welchem
    beſonders feiner, faſt kryſtallenartiger
    Quarz die vorwaltenden Beſtandtheile

ausmacht. Jetzt wird dieser Quarz mit vielem Vortheile in unsrer Glashütte *) verbraucht.

b) **Gneus** findet man in unserer Gegend in ungeheuren Massen. In diesem Gneus fand ich an einzelnen Orten eine Menge Granaten von verschiedener Größe und Krystallisation.

c) **Glimmer** kann man in ganzen Haufen auf dem Streuberg **) bey Wandorf antreffen.

B. Flöze.

Die übrigen Berge und Hügel sind, so wie ich sie bis jetzt kennen lernte, Flöz-Gebirge, angeschwemmte Sand-Mergel-und Kalk-

---

*) Die Glashütte wurde das vorige Jahr 1800. gleich unter der Mühle an der Straße nach Wolfs erbaut. Der Unternehmer ist der Herr Graf Saurau. Ohnstreitig würde das Unternehmen ganz der Absicht entsprechen, wenn man eine Stampfmühle errichten könnte, und das Zerstoßen des Quarzes nicht durch Menschenhände betreiben müßte.

**) Die Benennung rührt eben vom Glimmer her, aus welchem die hiesigen Schüler Streusand (hie vulgo Streu genannt) sich zubereiten.

haufen, die im Ganzen eine ähnliche Verstözung
haben.

Eine kleine Ausnahme hievon macht:

1) Der fest am Kloster liegende Wandorfer
Berg. Seine Masse ist schön abgerundetes
aneinander gehäuftes Granit-Geschiebe, in
welches Keller, die ohne die geringste Unter=
stüzung bestehen, und ordentlichen Gewölbern
gleichen, gehauen sind. Dieses Geschiebe
scheint von Westen einst durch Wasserströme
auf den Stuzuberg, dessen Unterlage ein Grund=
gebirge ist, gestaucht worden zu seyn.

2) Der Gálgenberg unterscheidet sich vor
den übrigen schon durch seine schönen Sand=
steine, Sandsteinbreccien und Sand=
lagen, welche man nebst den hier überall
vorhandenen Kalksteinen auf demselben
findet, und ist schon darum merkwürdig, weil
ein guter Theil der Stadt auf demselben ge=
baut ist.

Die meisten dieser Sandsteine haben eine
eigene Art Wülste, welche, wie natürliche Schne=
cken gewunden, einander mehr oder weniger glei=
chen, so, daß man sie für Schnecken-Abdrücke
halten würde, wenn man nicht eine natürliche

J 2

Formation durch's Waſſer an denſelben deutlich
bemerken möchte.

Die Sandbreccie iſt der kompakteſte
Stein, welchen man auſſer dem Granit und
Quarz in dieſer Gegend findet, ob er gleich nicht
ſo häufig als der Kalkſtein zum Baue verwen=
det wird.

Die ſchönen Sandſtrate, die man vor
dem Michaelis = Thor an der Landſtraße ſieht,
haben ſeit einiger Zeit meine ganze Aufmerkſam=
keit gefeſſelt. Zuförderſt befindet ſich auf dieſen
Sandlagen ein Sumpf, welcher ungefähr 100
Klafter im Umfange hat, der in dem heißeſten
Sommer nicht nur nicht austrocknet, ſondern
kaum einen merklichen Theil ſeines Waſſers ver=
liert, und dieſes in einer Höhe, wo auf der an=
dern Seite, auf welcher ein Theil der Stadt
angebaut iſt, kaum eine Spur von Waſſer ent=
deckt werden kann. Man hat vor zwey Jahren,
da dieſe Gegend Mangel an Waſſer leidet, mit
vieler Mühe, nach manchen mißlungenen Ver=
ſuchen, an der Michaelis = Kirche erſt mit 28 Klaf=
tern Waſſer gefunden.*).. Wie kann ſich nun

*) Hier fand man auch beym Graben dieſes Brun=

hier dieses auf Sand stehende Wasser erhalten,
indem nicht die geringste Spur einer Quelle, welche sich im Sande nicht einmal denken läßt, sichtbar ist?

Diese Sandstrate wechseln verschieden ab.
Unter der Dammerde befindet sich feiner Sand,
der von einem etwas gröbern unterbrochen wird;
auf diesen kommt wieder feiner; unter diesem feinen Sand bemerkte ich vor einem Jahr
eine ohngefähr 4 Zoll hohe Lage von einer eigenen Erde.

"Die Farbe derselben ist, so lange sie besonders noch etwas feucht ist, gelblichgrün, fällt
aber, wenn sie einmal getrocknet ist, ins weiß-
lichgelbe und behält nur grünlichtgraue Punkte."

"Ihr Bruch ist feinerdig, die Bruchstücke un-
bestimmt eckig, der Strich fettglänzend; naßer
fühlt sie sich fett an, und ist schmierig, erscheint
aber dem Gefühl, wenn sie getrocknet ist, wegen
des häufig in derselben vorkommenden Sandes,

---

nens in einer Tiefe von 20 Klaftern einen Gang
Fraueneis (Calcareus Selenites), von dem ich aber
nichts erhalten und sehen konnte. Der Beschreibung nach schien es mir dieses Mineral zu seyn.

mager; schreibt auf Glas, zergeht im Wasser, und hängt an der Zunge."

Ich halte sie für eine etwas modificirte Art Seifenerde (Argilla Saponaria). Sonderbar ist es, daß diese Erde immer in Quadraten bricht.

Die Flöze um Oedenburg bestehen größtentheils aus Kalksteinen, welche sehr verschieden vorkommen. Eine Art derselben ist:

Dichter Kalkstein (calcareus marmor densum). Diese Kalkart kommt um Oedenburg in ungeheuren Massen vor, und ist mit unzähligen Muscheln angefüllt, unterscheidet sich aber doch von dem gewöhnlichen festen Kalksteine dadurch, daß die Theile desselben sehr lose zusammenhängen. Er läßt sich gut bearbeiten, und fast leichter als Holz, spalten. Der Kreisbacher Berg und die ganze südwestliche Seite um den See herum scheint reiner Kalkstein zu seyn, der nur hie und da von Mergel unterbrochen wird; dies ist besonders an der Seeseite der Fall, die ganz mit Wein bebauet ist. In der Gegend, wo bekanntlich die besten Weine wachsen, fand ich sehr viel Mergel, und überhaupt einen magern Boden. — Sollte dieser Umstand von ei-

nem geschickten Oconomen nicht eine genauere
Prüfung verdienen?

Dieser dichte Kalkstein wird gewöhnlich zum
Bau von Steinmetzen und Maurern verbraucht,
und gewiß wird kein Naturforscher, kein Freund
der Natur die Kroisbacher Steinbrüche unbe-
sucht lassen. Mich überflog ein angenehmer
Schauer, als ich in das colossalische Gewölbe
trat, und die vielen Menschen, die, trotz ihrer
breiten Schultern und langen, gezogenen Leiber,
Kinder zu seyn scheinen, darin beschäftiget sah.
Die riesenmäßigen Säulen geben diesem Orte
ein amphitheatralisches Ansehen. Das schwache
Licht leuchtet den Arbeitern nur nothdürftig, und
erfüllt den Ort mit Schauer und Ehrfurcht. In
diesem Bruche sieht man 2, 3 bis 4 Schuh hohe
Muschel-Lagen, die horizontal die Steinmasse
durchschneiden, und mit derselben regelmäßig ab-
wechseln.

Eine merkliche Verschiedenheit von dem dichten Kalksteine macht derjenige aus, welchen man
bey dem Kalkofen findet. — Dieser ist mehr eine
weiße, zusammengebackene, mit vielen Muscheln
vermischte Kalkerde. *).

---

*) Guten Kalk brennt man nur aus uranfängli-

Härter und kompacter ist die schlackenförmige
Art, welche man an der Straße nach Wolfs findet, und mit welcher man auch die Chauffée nach
diesem Dorfe anlegte. Diese Gattung Kalksteine
verdient besonders darum die Aufmerksamkeit des
Naturforschers, weil sich ein eigener, sehr schöner
weingelber, halbdurchsichtiger Kalkspath von
regelloser Krystallisation in den Klüften dieser
Stein = Gattung befindet, den man hier allgemein
für unreifen Topas hielt.

Andere Verschiedenheiten verdienen keine Erwähnung. In diesen Kalksteinen, besonders in
der 1sten und 2ten Art, befinden sich, wie schon
bemerkt, viele sehr verschiedenartige Versteinerungen. Einige der vorzüglichsten will ich an-
merken.

a) Disciten, eine große Art Teller = Mu-
schel, die sich in dem erdartigen Kalksteine bey dem Kalkofen vorfindet.

---

chen Kalksteinen, von denen in unsrer Gegend
nicht die geringste Spur zu finden ist. Diese Kalkerde, wo der Oedenburger Kalkofen steht, ist
unter allen Arten von Kalksteinen schon darum
zum Brennen der untauglichste weil diese Masse zu sehr mit heterogenen Theilen, die sich nicht
zu Kalk brennen lassen, vermischt ist.

b) **Pectiniten** und **Chamiten**; jene sind mit Schlußzöhten versehen, diese haben gar keine. Beyde Arten findet man in dem dichten Kalkstein bey Kroisbach *).

c) An eben diesem Orte kommt man nicht selten auf **Ichthyolithen**, die man hier unter der Benennung **Vögelschnäbel** kennt; welche aber Zähne von dem Hayfische **Carcharias** (Squalus carcharias, lamina, tiburo) sind. Man findet sie haufenweise beysammen **).

d) **Pectunculiten** von solcher Feinheit, Zartheit und Verschiedenheit, daß es

---

*) Auch gefaltene **Chamiten** (Chamitae plicatae) findet man in Menge.

) Dieser **Carcharias ist ein ungeheures, blutdürstiges, unersättliches, gefräßiges Meer-Ungeheuer, das zuweilen auf 10,000 Pfund wiegt, und in dessen Magen man schon Pferde gefunden hat. Es hat sechsfache Reihen Zähne im Rachen, die nicht in die Kinnlade eingeteilt, sondern durch eine Art Gelenk mit demselben verbunden, und folglich beweglich sind, und zurückgeschlagen werden können. Bekanntlich hielt man diese Zähne einst auch für versteinerte Schlangenzungen.

140

III.

Die
Drachen = Höhle und Fluß = Grotte,
nicht weit von
Deménfalva, einem Dorfe
im Liptauer Komitate.

---

a) Die Höhle bey Deménfalva.

In der Mitte des Augusts 1800 war es, als ich mit einem Führer und noch einem Freunde an dem Schlunde dieser berüchtigten Höhle ankam.

Da dies nun ein sehr heiterer, warmer und angenehmer Tag war, so kostete es uns nicht wenig Mühe, die Oeffnung zu erklettern. Das Hinaufklimmen ist um so beschwerlicher, da der Fußsteig meistens auf scharfem Steingerölle, ohne Busch= und Strauchwerk, den Weg hinauf führt.

Die Öffnung ist sehr geräumig, daß man also
weit in die beynahe perpendikuläre Tiefe hinein-
schauen kann.

Nachdem wir uns ein wenig erholt und gelabt
hatten, stiegen wir, mit brennenden Lichtern und
ein Paar Äxten versehen, in die Höhle hinunter.
War's die etwas abentheuerliche Erzählung unsers gutmüthigen Begleiters, oder war es meine
eigene Einbildungskraft, die mir alle Höhlen-
fahrten, von denen ich je etwas gelesen hatte,
vor die Phantasie zauberte; ein Umstand, der
mich in eine eigene Stimmung versetzte, die beynahe derjenigen glich, die ich vor einigen Jahren
hatte, als ich die Karpathen zu einer ziemlichen
Höhe erkletterte. Eine Legion Erd- und Him-
melsgeister schienen mich zu umschweben. Ich
athmete bey lauten Schlägen des Herzens viel
kürzer — eine innere Beklemmung exaltirte den
Flug meiner Phantasie, und jedes unbedeutende
Ereigniß, ein kleines Ausgleiten z. B., gab ihr
eine neue Richtung. —

Jetzt kamen wir zur ersten Kammer, in die
noch ein blasser Schimmer vom Tageslicht fiel,
die aber schon mit Eis angefüllt war. Den eigentlichen Eingang hatten wir jetzt schon verfehlt

weil wir die erste Öffnung rechter Hand außer
Acht ließen, es kostete uns daher nicht wenig
Mühe, doch endlich eine Spalte zu finden, die
uns den Weg tiefer hinab bezeichnete. —

Hier wurde aber guter Rath theuer. Wir
standen auf einem kleinen Eissee, und das her-
abfließende Wasser war an den Felsen mehr als
einen Schuh dick angefroren, ein Umstand, der
das Herabklimmen sehr gefährlich machte. Unser Führer war augenblicklich bereit, uns eine
Treppe zu hauen. Und da er ihre Güte durch
sein Beyspiel erprobte, so folgten wir ihm ge-
lassen, und kamen also glücklich in die zweyte,
sehr große Kammer, außer, daß mein Freund
auf der letzten Stufe, die durch mein und unsers
Führers Herabsteigen erwärmt, mithin wasser-
glatt wurde, ausglitt und fiel. Er hätte, was
ihm auch gleich für die ganze Expedition den
Muth und die Freude benahm, in eine Seiten-
schlucht, deren Tiefe wir nicht berechnen konnten,
herabstürzen und unglücklich werden können.

Indeß wandte unsers schleunige Hülfe und
seine eigene Besonnenheit das Unglück ab, dessen ich hier blos zur Warnung Erwähnung machte.
Man wird wenige Jahre treffen, in welchen kein

Eis in der Höhle seyn sollte. Es wäre daher
für diejenigen, welche die Höhle besuchen, rathsam, entweder in Bundschuhen, oder aber in
Sandalien (Kirbzen), wie sie die Bauern dieser
Gegend tragen, hinab zu steigen. Unsere Stie-
fel und Bischmen begünstigen diese Wallfahrt sehr
wenig.

Ich habe nie ein Schauspiel gesehen, das
demjenigen glich, welches mir jetzt vor die Sinne kam. — Die ganze weite Bergschlucht war
mit krystallreinem Eise, wie mit einer Rinde, überzogen, durch die man jedes Fleckchen, jede Spalte, jede von Tropfstein gebildete Form gut und
deutlich sehen konnte. Mir kam es vor, als
stünde ich vor den großen Schränken der Natur,
und eine gläserne Thüre verschlösse mir ihre ma-
nigfaltigen Schätze. Da stand ich, und staunte
der majestätischen Herrlichkeit dieser schönen Natur. Vom hohen Gewölbe hingen weißgelblich-
te Stalaktiten, die an einzelnen Orten colossalische Säulen bilden, und im Ganzen dieser Kammer Festigkeit und ein Ehrfurcht gebietendes Ansehen geben.

Und nun denke man sich, wie die krystallnen
Wände und selbst das hohe Gewölbe von tausend

Punkten, die von unsern brennenden Kerzen ge-
worfenen Lichtstrahlen, dem staunenden Auge
wiederbringen. Dieses äußerst angenehme Flim-
mern der spielenden Lichtstrahlen täuschte meine
ohnehin gereizte Einbildungskraft, und versetzte
mich mit unnachahmlichem Zauber in das bunte
Gebiet der Feenwelt. Ich durchkroch jeden Winkel, und wagte mich in einige Seitenschluchten,
indeß ich mich oft, wie ein Wurm, auf dem Bauche
winden mußte. Ich muß aufrichtig gestehen,
daß die kindische Erwartung, etwas Außerordent-
liches zu sehen, viel zu dieser Resignation, die
meine Begleiter oft in bange Sorgen versetzte,
beytrug. Ich habe es an mir oft bemerkt, daß
es möglich ist, die Bilder unsrer Phantasie so
innig fest zu halten, daß sie eine Täuschung her-
vorbringen, welche den Schein einer angenehmen
Wirklichkeit erzeugen.

So kamen wir unvermerkt immer weiter,
bis wir uns auf Ein Mal in einer dritten, vom
Eise ganz befreyten Kammer fanden. Mir scheint
die Ursache dieser Sonderbarkeit in der größern
Entfernung von der athmosphärischen Luft zu liegen, die selbst im harten Winter hier kein Eis
erzeugen kann. Hier war es so außerordentlich
fin-

fiafter, daß wir bey unfern, ohnehin aus Mangel
an hinlänglicher Lebensluft nur dürftig brennenden Lichtern, sehr wenig fehen konnten. Wir
felbft empfanden den Mangel einer größern Quantität derfelben nur wenig, und würden nicht an
den Rückweg gedacht haben, wenn uns nicht die
beynahe ganz verbrannten Lichter unangenehm
daran erinnert hätten.

Aber, wie foll ich unfere äußerfte Beftürzung
und Angft mahlen, da wir gewahr wurden, daß
unfer Führer fchlechterdings den Ausweg nicht
finden konnte? — Diefes Schrecken vermehrten
die immer kleiner werdenden Lichter; denn aus
Unvorfichtigkeit hatten wir die größere Quantität
eben gelaffen. Für meine in forglofer Fröhlich-
keit fchwimmende Seele war der Übergang zum
entgegengefetzten Gefühle in den erften Augenblicken fchrecklich.

Der Hungertod und ein lebendiges Grab
blickten mich von allen Seiten an. Diefes Bild
des fürchterlichften Elends bekam durch den Anblick meiner Begleiter, und durch ihr ftummes
Entfetzen, welches ihr wildes Umherfehen nach
einem Ausweg verrieth, nur noch grellere Farben.

Nach vielem vergeblichen Suchen, fanden
wir doch endlich die im Eis gehauene Treppe wieder. Unsere Freude darüber war unbeschreiblich.

Aber wie die Gefahr vorüber war, verschwand
auch meine Lust, jetzt die Höhle zu verlassen.
Wir waren an den Ort gekommen, an welchem
ich reiche Ausbeute für meine mineralogischen
Kenntnisse zu machen hoffte. Und ich sollte ihn
nicht genauer durchsuchen? Ich bat unsern Führer, er möchte meinen Freund, der um alle
Schätze der Erde zu diesem Gange nicht mehr zu
bewegen war, hinaus begleiten, und, mit Augen
gen Kerzen versehen, wieder zu mir herabsteigen.
Ich versprach, an der Treppe seiner zu harren.

Aber, kaum war ich alleine, so kletterte ich
auch wieder herab, und gieng mit kühner Ent-
schlossenheit, gerades Weges an den Ort, welchen ich zu untersuchen Lust hatte. Ich gebrauch-
te nur die Vorsicht, in dem Eise jede zehn Schritte eine Spur zu hauen. Und so kam ich in einigen Minuten an die Stelle, die wir kurz vorher in der äußersten Bestürzung verlassen hatten.

Tiefe Stille war um mich her, die nur zuweilen vom Herabfallen der Tropfen unterbrochen
wurde. Die graue Felsenwand fand ich mit verschie-

dinen Namen beschrieben, und ich könnte mich in eine geistige Gesellschaft denken.

Mächtige Felsenstücke, die von der Höhe, welche ich mit meinem Auge, schon wegen der Finsterniß, nicht erreichen konnte, gefallen waren, lagen auf dem Boden, und erinnerten mich an die Möglichkeit, daß diese in diesem Augenblick geschehen konnte. Ein eiskalter Schauer überfiel mich bey diesem Gedanken. Und doch bin ich hier, dachte ich, und trotze aus freyem Triebe der Gefahr. Meine Seele erhob sich, wie einst auf den Anhöhen des, zu den Wolken hinaufragenden Karpaths. O ich hätte in diesem feyerlichen Augenblick den Einsturz dieser mächtigen Felsenkluft ruhig erwarten können!

Weißt du, lieber Leser, es nie recht tief empfunden hast, daß meine Seele etwas mehr, als eine Flamme sey, die, wie uns der Philosoph von Sans Souci gern glauben machen will, aus dem brennenden Holz, wodurch sie genährt wird, hervorbricht *), und sobald es in Asche verwandelt ist, sich neigt und stirbt: o so erklimm ein Gebirg, oder steige herab in die schauer-

---

*) Ceu fumus in altas aëris auras!

lichen Gemächer der Erde. Wenn die Felsen
über deinem Haupte den Einsturz droht, und du
mit heiterm Lächeln zu ihm hinauf sehen, und
tausend andern Gefahren ruhig trotzen kannst,
dann die Hand auf das Herz, und wenn du in
einer solchen Minute dir die Ewigkeit nicht denken, sie nicht mit ganzem Herzen fühlen kannst,
o dann gehe hin und weine, daß dir die Welt
die Empfänglichkeit für das schönste Gefühl gestoh-
len und die Harmonie deiner Seele zerrüttet hat.
Hier gilt nichts, außer, was Gott und die Natur geheiliget haben.

Nichts macht unser Herz verzagter, als ängst-
liches Kleben an dem Tand dieser Erde. Feige
ist die Sklaven-Seele, die an ihrem Abgott,
dem Mammon, hängt; feige der eitle Thor, der
dem luftigen Phantom der Ehre nachjagt. Die
Seele solcher Menschen kann sich nicht ausbreiten,
nicht erheben; denn wie Bley zieht sie ihr Götze
in den Staub hinab. In ihrem Götzendienste
schrumpft jedes bessere Gefühl, jede reine un-
schuldige Empfänglichkeit für die Schönheiten der
Natur und ihrer Herrlichkeit in ein Nichts zusammen. Ihr rastloses Jagen nach Schätzen
vergönnt ihnen keine ruhige Minute, in welcher

sie einen Blick in die Schöpfung thun. Wie ein fließender Tropfe den andern, so jagt eine Sorge die andre, und bringt sie kaum bey dem Anblick ihres Grabes zur Besonnenheit. Doch weg von diesem schauerlichen Bilde! Freue dich, Seele, daß dein Herz bey dem Anblick der sterbenden Natur ruhiger schlägt; freue dich, daß sie dich heben und in diesem Gefühle belohnen kann.

Ich war voll von diesen Gedanken, als ein dumpfer Ruf die Gemächer hinab schallte, an welchem ich gleich meinen Führer erkannte. Ich eilte ihm entgegen, der vor Angst außer sich war, da er mich an dem bestimmten Orte nicht gefunden hatte. Die Angst hatte sich so sehr seiner bemächtigt, daß er nicht zu bewegen war, mit mir zum dritten Male tiefer hinabzusteigen.

Ich kletterte also nach einem mehr als ... stündigen Aufenthalt in der Höhle zu meinem Freunde hinauf.

Meine Beute bestand aus Stalaktiten von verschiedener Größe und Gestalt, die das hinabtröpfelnde Wasser erzeugte. So gibt die Natur einem Orte weit schöner und herrlicher wieder, was sie dem andern genommen hat. Hier zer-

stöhrt sie, dort baut sie wieder auf. Und so kann
sie nach Jahrtausenden eine unermeßliche Höhle
füllen. .... Seen ...
.... Was sie hier im Kleinen wirkt, wirds so meiner Überzeugung nach auf unserer ganzen Erde
im Großen. Oder verschlingt das Meer einige
Meilen festen Landes, und schon steigt an einem
andern Orte eine schöne fruchtbare Insel aus dem
Meere hervor. Man denke sich diese Metamorphosen mehrere Jahrtausende hindurch, und man
wird es leicht einsehen, wie fast kein Fleckchen
unserer Erde existirt, auf welchem, und in welchem wir nicht Spuren von Wasser-Näße (Neptunismus) entdecken können. ....
..... Solche Veränderungen gehen langsam, unvermerkt ihren ewig abgemessenen Gang, und
können daher nicht so genau beobachtet werden.
Denn was ist ein Menschenalter auch nur gegen
ein Jahrtausend! Wir kennen die Veränderungen
unserer Erde von nicht viel mehr, als von 6000
Jahren; und etwas genauer, ein für die Größe
unsers Erd-Körpers immer noch unbedeutender
Zeitraum! Und stimmen nicht die Sagen der
Vorzeit beynahe aller Völker darin überein, daß
die Erde große Überschwemmungen erlitten habe?

Sonach dürfte auch die Muthmaßung, daß die
Neue Welt mit der Alten einmal in Verbindung
gestanden habe, kein Hirngespinnst seyn.

Die sonderbare Feuchtigkeit, die sich an der
Decke der Höhle sammelt, dann in weißen Tropfen herunter fällt, und zu Stein wird, welche
Buchholz *) und andere bemerkt haben, ist nichts
anders, als die bekannte Bergmilch (Calcareus lactiformis), sie heißt auch Mondmilch,
(daher in der Schweiz alle Höhlen, wo diese
Erde angetroffen wird, Mondlöcher genannt
werden) diese habe ich, da alles gefroren war,
nicht gesehen. Eben so wenig fand ich auch nur
eine Spur von Erbsensteinen. Doch ich mochte
vielleicht in diese Gegend nicht gekommen seyn,
so wie ich auch diese verfehlt haben muß, wo
morsches Gerippe und versteinerte Knochen zu sehen seyn sollen.

Indeß kann ich nicht läugnen, daß mir diese Dinge von jeher sehr mährchenhaft klangen.
Tropfstein kann sich der Liebhaber von viel Ma-
nigfaltigkeit und Schönheit sammeln, aber viel

---

*) Siehe: Almanach von Ungern auf das Jahr 1778
(von Matthias Korabinsky.)

außerordentliche Dinge darf er hier nicht suchen.
Zu vielen Mährchen mag der zufällige Name
Drachenhöhle Veranlassung gegeben haben.

Die vorgebliche Communication mit der Gegend bey Botza ist ein abgeschmackter Wider-
spruch, der jedem offenen Auge einleuchten muß,
indem obengenannter Ort viel höher liegt, als
beynahe die Öffnung der Höhle selbst.

Es ist wahrlich kein Wunder, wenn man
uns so viele abentheuerliche Dinge aus den un-
terirdischen Gemächern der Erde heraufbringt,
und als baare Münze verkaufen will. Man ist in
dem Augenblicke, wo man solche Örter besucht, so
sonderbar gestimmt. Die Gefahr und das
Schauerliche des Orts exaltiren die Einbildungskraft, und die vielen eigenen Erscheinungen und
Gegenstände, auf die man stößt, geben ihr Nahrung. Vorgefaßte Ideen vollenden dann die täu-
schende Wirkung.

Die Grotte der Najade des Berg-Stroms.

Wenn man das Thal, von welchem aus man die Drachen-Höhle hinauf klimmt, einige tausend Schritte von der Gegend, in welcher sich die Höhle befindet, weiter verfolgt: so kommt man an einen merkwürdigen Ort. Ich möchte ihn die Grotte der Najade dieses Berg-Stroms, welcher demjenigen, so das Thal weiter hinauf verfolgt, schäumend entgegen braust, nennen.

Man kommt nämlich, wenn der Berg-Strom nicht zu sehr angeschwollen ist, an einen Ort, an welchem derselbe aus dem Gebirge hervorquillt. Nur die Menge und Stärke des herausströmenden Wassers bringt uns auf den Gedanken, daß hier seine Quelle unmöglich seyn könne. Verfolgt man das Thal noch weiter hinauf, so findet man den Berg-Strom, wie er sich in dem ihm entgegen tretenden Gebirge verliert.

Der Strom nimmt also, wenn er nicht zu groß ist, sein Bett eine weite Strecke durch das

~~Georg. Ist er angeschwollen, so fließt das~~ Waſſer, welches der Berg-Kanal nicht faßt, um den Berg herum.

Ich kehrte noch ein Mal zurück, um den Ausfluß aus dem Gebirge genauer in Augenſchein zu nehmen. Und hier fand ich, auf der rechten Seite des Ausfluſſes, eine ordentliche Grotte in dieſem ſchauerlichen Felſen. Im Hintergrunde befindet ſich, über eine Klafter tief kryſtallreines Waſſer, in welchem die ſchönſten Forellen in ſtolzer Sicherheit herumſchwimmen. Was aber dem Orte ein majeſtätiſches Anſehen gibt, und ihn eigentlich zur Reſidenz einer mächtigen Najade qualifieirt, iſt das fürchterliche Getöſe, welches der durch die Felſenklüfte dringende Strom verurſacht.

Sicher hauſte hier in dem goldenen Zeitalter, in welchem die Unſterblichen mit den Menſchen in traulicher Einigkeit noch auf der Erde wohnten, ein mächtiges Weſen, das aber die Sorgloſigkeit, und beſonders, was ich aus ſichern Händen habe, die ſchlechte Wirthſchaft mit den ſchönen Waldungen, zum größten Nachtheil der Bewohner dieſer Gegend, aus derſelben vertrieb. Kahl und unbebaut liegen nun die Gebirge zum war-

nenden Beyspiel für Andere. Kaum findet der
kletternde Bock seine nothdürftige Nahrung. Grei-
se seufzen, (wie ich selbst einen hörte,) denken sie
der Zeiten, in welchen schöne Tannen ihre stolzen
Wipfel gen Himmel empor trugen.

Ich habe einen Blick in das Archiv der Vorzeit gethan, welches in dieser Grotte verborgen
ist, und verspreche meinen Landsleuten treulich
zu referiren, was ich darin vorgefunden habe.
Ich gedenke dieses alles in eine Historia zu bringen, und dieselbe in einem schönen Bändchen
mit Kupfern zum Nutzen und Frommen der schlechten Holzwirthe, und der Nachkömmlingen zur
Erbauung, heraus zu geben, wenn sich Notabene
einige Pränumeranten und (Pränumerantinnen
finden *). . . . .
. . . . Brod e g . . .
. . . .

---

*) Leider finden sich in unserem Vaterlande weder viele
Ohren, unangenehme Wahrheiten zu hören, noch
Augen, die Schönheiten der Natur, welche uns
das Mutterland selbst im übrigen Reichthume darbietet, zu sehen.

IV.

Memorabilia provinciae Csetnek. Recensuit
Ladislaus Bartholomaeides. Cum Tabu-
lis aeri incisis. Neosolii 1799. Apud
Johannem Stephani. 336. P. in 8vo.

Der Verfaſſer, ein thätiger Gelehrter, der für
ſeine eingeſchränkte Lage (er iſt Prediger in
Ochtina, einem ſlowakiſchen Dorfe in der Gömörer Geſpanſchaft,) ſchon viel leiſtete, von deſſen Eifer wir noch mehr zu erwarten, berechti-
get ſind, hat durch dieſes Buch einen ſchönen
Beytrag zur topographiſchen Beſchreibung Ungerns geliefert.

Möchte er nur auch in dem ihm näher liegenden Kreiſe mehr Aufmunterung und Unter-
ſtützung finden! möchten doch die Gebildetern
unſers Vaterlandes, worunter ich beſonders ſeine
Amtsbrüder in Kirchen und Schulen rechne, ſei-
ner Thätigkeit wenigſtens keine Schranken ſetzen!!

Nichts ist für einen thätigen Mann kränkiger und niederschlagender, als wenn er den Frost und die verächtlichen Seitenblicke sieht, womit unser, sich unter die Gelehrten zählendes Publikum Versuche dieser Art aufnimmt. Ich war Augenzeuge von dem Schicksale dieses Buchs, das, wenn es auch für den Rezensenten als solchen kein unmittelbares Interesse hat, doch jedem Literatus, was jeder Stadt- und Land-Prediger, besonders wenn sich auf Geographie und vaterländische Geschichte beziehende Schriften seyn sollte, sehr willkommen seyn mußte. Es kostet wenig Mühe, ein Buch für schlecht auszuschreyen, besonders was wir nicht verstehen, oder wenn wir für den Inhalt desselben kein Interesse haben. Schwerer ist es, ein solches Buch nach Verdienst zu würdigen. In jedem Falle ist ein verächtlicher, absprechender Ton, den wir uns gegen Arbeiten dieser Art, besonders in unserm Vaterlande, wo so wenig Aufmunterung zur Schriftstellerey ist, erlauben, das entschiedenste Merkmal, daß wir zu dem Pöbel gehören, und nichts weniger als von dem Geiste der Humanität beseelt sind.

Mit herzlichem Dank nehmen wir diese Arbeit des Verfassers auf, und bitten ihn, in seinen Un-

Versuchungen weiter fortzufahren, fest überzeugt,
daß er sich den Dank des Gutdenkenden unter seinen Landsleuten und die Achtung des Auslandes
erwerben werde. Besonders wünschten wir eine
detaillirte Beschreibung der Natur-Producte, jeder Gegend von .... Herr v. Fichtel und der
Abbé Esmark, deren Schriften der Verfasser nicht
zu kennen scheint, haben besonders von Trötschau
dem Publikum Manches mitgetheilt. Möchte es
ihm doch gefallen, das Fehlende zu ergänzen,
vorzüglich aber auf jene Gegenden Rücksicht zu
nehmen, wo diese Männer nicht hingekommen sind.
Nur hüte er sich vor Hypothesen, die aus der
Luft gegriffen sind, die ihm eben darum oft in
unhaltbare Beweise verwickeln, wie z. B. Seite
und 40. Solche Spuren von Wassernähe (Neptunismus), wird der Verfasser überall finden, wo
nur Flözgebirge sind. Der Schiefer ist freylich
vermittelst des Wassers erzeugt, aber daraus folgt
nicht, daß in der Gegend, wo man ihn findet,
und wo Berge gegeneinander stehn, die eben
weil sie nahe beyeinander und von gleicher Formation sind, auch die nämliche Vegetation haben
müssen, ein See gestanden haben muß. Von
dem Mährchen, wie wenn Ungern einst ganz un-

ter Waffer gestanden hätte, also einen ordentli
chen See gebildet habe, sind wir lange zurückge
kommen. Außer der Verfaffer meint jene Zeit,
von denen Mofes Genefeos primo spricht.

Eben fo wirft der Verfaffer die Behauptung
hin, das Dobschau nicht von Karpfnern, fondern
von Zipfer Deutschen bevölkert worden fey, ohne
auch nur einen Beweis für die oft wiederholte
Hypothefe zu geben, da fie mir wenigftens zu fehr
gewagt und den innern Beweifen ganz zuwider
fprechen fcheint. Denn zuerft haben die Dob
fchauer, was ihre Sprache betrift, mit den Zipfer
Deutfchen nicht die geringfte Verwandtfchaft oder
Ähnlichkeit. Ferner kommt, daß es fchwer zu be
greifen ift, wie die Zipfer, nach Seite 231, auf
die Einladung des Ladislaus Suberk, befonders
durch die Thaten von felbem verfprochenen Frey
heiten fich haben bereden laffen können, nach Dob
fchau zu kommen, indem fie ja damals im Be
fitz weit glänzenderer und dauerhafterer Thaten
von ungrifchen Königen feyerlichft zugefchorner
Immunitäten ftanden. Man lefe nur die fchöne
Handfefte, welche Stephan den Zipfern 1271 mit
theilte, in Wagners Urkunden Sammlung 1000.

Vorzüglich gefiel uns die Befchreibung der

zu dem Edelmker Dominio gehörenden Ortschof-
ten, der literärische Abschnitt und die Urkunden-
Sammlung.

Die Kupfertafeln, so unvollkommen sie auch
sind, zeugen von dem ausdauernden Fleiße und
von der natürlichen Fähigkeit des Hrn. Verfassers
zum Zeichnen, welcher, ohne je Anleitung in diesen Künsten genossen zu haben, doch so viel zu
leisten im Stande war. Sie geben einen an-
schaulichen Begriff von den Gegenständen, die er
in Kupfer zu stechen versuchte. Nur hat ihn auch
hier seine Liebe zu Hypothesen auf eine sonderbare
Bahn irre geleitet. Wenn man auf Tafel 2 Figur
5 die Gestalt auf dem Todschauer Siegel betrachtet, so wird man in Versuchung geführt, dieselbe,
mit dem Verfasser, für das Bild Christi zu halten; sieht man aber einen guten Abdruck des Sie-
gels selbst an, so kann man nicht umhin in dieser
Gestalt den Apostel Johannes, welcher gewöhnlich mit einem Becher in der Hand abgemahlt
wird, zu erkennen. Hr. Bartholomäides hat nämlich, durch seine vorgefaßte Meinung, die Figur
stelle das Bild Christi vor, verführt, statt der
Haarpartien, welche die Stirne herabhängen, eine
dornene Krone gezeichnet.

Bredetzky.

V.

Schovar (Sóovár).

———

Herr Papovßky, Hütten-Meister an der Schóvárer Saline war so gütig, mir in der Hand-schrift:

"Einige Nachrichten von der Salzsiederey zu Schovár in Ober-Ungern"

mitzutheilen. Da es noch nicht ganz gewiß ist, ob, und wann diese sehr interessante Schrift im Drucke erscheinen dürfte: so will ich, mit Erlaub-niß des Herrn Verfassers, die ersten 5 §§. für die Leser der Beyträge abdrucken lassen, um sie im Voraus auf die Erscheinung eines Werks aufmerk-sam zu machen, das eine wahre Bereicherung un-serer Literatur bleiben wird.

Bredeßky.

§. 1.

Geographisch = physische Lage des Kameralguts Schovár.

Schovár liegt in der, von ihren Gesundbrunnen *) und ihrem großen Leinwandhandel berühmten oberungerischen Gespanschaft Schaarosch, eine Viertelmeile von der königl. Freystadt Eperies, vier Meilen von Kaschau und 10 Meilen von der Galizischen Grenze.

Die Gegend um Eperies ist die fruchtbarste der ganzen Gespanschaft, und wegen ihrer vielfältigen Schönheiten des Griffels einer Meisterhand, mehr als irgend eine andere, werth. Davon überzeugt man sich insbesondere in der Gegend des Kalvarienberges. Von diesem Standpunkte aus, sieht man sich auf die Anhöhe eines großen Naturgartens versetzt, von der das Auge mit innigem Wohlbehagen eine Menge mahlerischer Ansichten erblickt, die eben so kunstlos geordnet, als mannichfaltig sind.

---

*) Bardtfeld, Lipotz, Zemiata und andere. Sämmtliche bisher untersuchte Mineralquellen dieser Gespanschaft belaufen sich auf dreyßig.

Eine heitre Ebene, mit Ceres's und Pomo-
nens Gaben prangend, dehnt sich vor mir aus,
bald von Gruppen sanft hinter einander wegfließen-
der Hügel unterbrochen, bald von einer Reihe
waldiger Berge umschlossen. Nachlässig zerstreute Dörfer, zwischen denen sich manchmal ein gast-
freyer Adelsitz stolz erhebt, blicken bescheiden
aus den gesegneten Fluren hervor. Hier kontra-
stirt, von den Mittagsstrahlen beschienen, ein
kahler Fels mit der Nacht des dickbelaubten Waldes; dort sieht vom steilen Abhang eine ehrwür-
dige Schloßruine melancholisch in die belebten Gefilde herab. Unter mir schlängeln sich wetteifernd
die reißende T a r z a mit der stillgleitenden S e l-
t sch o durch fette Wiesenanger, von denen mir
das Wiehern muthwilliger Rosse, oder des satten
Stieres ernsteres Brüllen entgegentönt.

Das Centrum dieses Tableau's ist mit dem
artigen Aufrisse der ganzen Stadt und ihren Gär-
ten geziert. Im Vorgrunde pranget links auf
einem konischen isolirten Vulkan *) die zerstörte

*) Ich erlaube mir hier den v. Fichtel'schen Ausdruck
(Bemerkungen über die Karpathen), weil mir
dieses geognostische Problem noch immer nicht
aufgelöset zu seyn scheint.

Schaproscher Bergkeste; zur Rechten schließt ihn der
romantische Calvarienberg. Der Hintergrund ist
einerseits durch die zwey Wartberge und die Ruinen der Kappyschen Felsenburg, andererseits durch
die Kette des Schomaxer Waldgebirges amphitheatralisch begrenzt. — Endlich ließ die Natur,
um das Anziehende dieses pittoresken Landstriches
zu vollenden, mitten zwischen den zwey bergigen
Einschlüssen noch eine schmale Öffnung leer, durch
welche sich der überraschte Blick in einer unübersehbaren Ebene gegen Galiziens Grenzen verliert.

Hier würde Lorrain seine sanft dämmernden Entfernungen, Berghem seine Felsen und
Bäume, Waterloo seine Gründe finden, und
Kleist würde hier gewiß noch einmal ausrufen:

"O welch' ein Gelächter der Freude
Belebt rund um mich das Land, friedfertige Dörfer und Heerden
Und Hügel und Wälder! wo soll mein irrendes Auge sich ausruhn?"

Im Osten dieser reizenden Landschaft zeichnet
sich die Saline an dem Abhange einer allmählig
aufsteigenden Bergkette gelehnt, durch ihre, aus
den Pfannhäusern emporqualmenden Rauchwolken, aus. Die vielen Werksgebäude von ganz
eigener Structur, die erhoben liegenden Kirchen,

die ausgedehnte neue Ansiedelung der deutschen
Colonie, alles dieses zusammen nöthigt dem
Ankommenden schon von ferne die Ahndung ab,
daß er dort einen wohlbevölkerten Ort finden
werde, wo Industrie, Fleiß und Geschäftigkeit
hausen.

§. 2.

Geschichte des IXten bis zum Ende des XIIIten Jahrhunderts.

Von den ältern Schicksalen Schowarz
überliefert uns die Geschichte nur einige zerstreute
Nachrichten. Wenn man aber die vielen Drang-
sale bedenkt, welche das benachbarte Eperies in ältern Zeiten zu erdulden hatte, da es
so oft der Tummelplatz blutdürstiger Heere gewesen ist *), so kann man sich nichts anders vor-

---

*) Im Jahre 1308 belagerte Carl I. das benach-
barte Schloß Schaarosch; 1441 ward Eperies
nach einigen Schriftstellern von den Pohlen ge-
plündert und in Brand gesteckt, nach andern aber
1442 von denselben vergebens belagert. Um das
J. 1532 streiften in dieser Gegend die Zapolyschen
Völker. 1552 litt es unter den, durch die Königinn Isabella, Zapolya's Wittwe, veranlaßten
Unruhen. Von 1604—1606 war es bald von den

ftellen, als daß auch Schwar unter dem Drucke dieser kriegerischen Auftritte manches Unheil
möge erlitten haben... Ich war bemühet, die wenigen, zu meiner Kenntniß gekommenen Bruchstücke zu sammeln, und, so gut es anging, in
ein zusammenhängendes Ganzes zu bringen. Zu
größerer Deutlichkeit werde ich das, was die politischen Verhältnisse des Orts betrifft, zuerst an-
führen, dann aber zu meinem Hauptzwecke, den
Salinistischen Nachrichten, übergehen.

Bocskai'schen, bald von den Kaiserlichen besetzt;
auch war hier um das letztgenannte Jahr große
Hungersnoth und gefährliche Krankheiten. 1609
beunruhigte Valentin Homanáy und einige
Jahre später die Bethlenyschen diese Gegend. 1644
fam Eperies in Rákoßysche Hände, auch graffirte
um diese Zeit die Pest. 1662 hat eine unerhört
große Überschwemmung aufferordentlichen Schaden um Eperies angerichtet. Von 1672—1681
war es wechselweise bald in den Händen der Tökölischen, bald in der Kaiserlichen, und mußte
namentlich im Jahre 1678 eine sehr harte Bela-
gerung aushalten. 1679 wüthete abermals die
Pest. 1685 eroberte es der kais. General Schulz
von den Tökölischen. 1704 wurde die Stadt an
die Rákozischen übergeben. 1706 rückte der fran-
zösische General Coron mit seinem Regimente ein,
und 1710 wurde Eperies von dem kais. Gen. Tir-
mont wieder eingenommen.

Nach dem sogenannten Notär des
Königs Bela war Schomar schon zu Arpads
Zeiten, — also bereits im IXten Jahrhunderte
als eine feste Burg *) bekannt, der sich dieser
mächtige Herzog in dem Laufe seiner Eroberungen
sammt dem, zu gleicher Zeit unterjochten Zipser-
schlosse als einer Schutzwehre gegen die pohlnische
Grenze bedienet hat **); dreyhundert Jahre dar-

---

*) Ubi etiam dux Arpad, et omnes sui pimates cum
omni familia sua, labore postposito, factis tugu-
riis requiei sibi locum elegerunt, et non paucos
ibi dies permanserunt, donec omnia loca sibi vicina subjugaverunt, scilicet usque ad fluvium *Sou-
jou* et usque ad *Castrum Salis.* Et ibidem juxta
Tcostam et infra sylvas, dux *Arpad* dedit terras
multas diversorum locorum cum suis habitatoribus
Edunec et Edumorec. *Belae Reg. Notar. Hist.
Hung. Cap. XVI de Zerentze.*

**) Postquam enim Arpad Unguarino Szeresinum
descendens, vicina loca usque ad Castrum Salis
(Séovár: Salzburg Epperiessino adjacens), usque
ad fluvium Sájo sibi subjecisset, communi consi-
lio, missus est Bonsu filius Bunger, cum valida
manu versus terram Polenorum, qui confinia regni obstaculis confirmaret, usque ad montem Tatur, et loco convenienti castrum construeret cau-
sa custodiae regni.

Sola terzel castri *Borsod* ob exiguitatem suam

nach waren, nach dem Zeugniſſe eines im Jahre
1228 von dem oberſten Hof- und Landrichter
Grafen Paul ausgeſtellten Schenkungsbriefes,
ſchon die Gebrüder Herrmann, und Boga-

---

ex hungarica voce Borsó, pisum significante, ita
compellati, cum valida suorum manu et rustico-
rum multitudine intra paucos dies perficienda ere-
ctio, tantum in Arpadis curia gaudium, quantum
Anonymus testatur, excitare non potuit; sed ne-
que castrum hoc ad fluvium Boldva erectum, alio
Polonis, montique Tatur longe viciniore *Castro
Salis* jam occupato, exmissionis Borsuanae fini
jam respondisset; nisi subjugata *Scepusiensi Scy-
rorum arcae* id effecisset; ne quid a tergo metu-
endum relinquatur. Ut adeo terrei castri Borsod
contra Gömörienses et Neogradienses nondum
subjugatos (C. 33) constructio , accessorium dunta-
xat fuerit sui principalis, hoc est: *Metarum ex
parte Poloniae Constructionis*, et obstaculorum,
castrique alterius in loco convenienti erectionis,
Borsu itaque castro Borsod constructo, ultra *Castrum Sóovàr* progressus, occupata primum Scepusiensi arce, per indagines Popradi ad aliam
Seyrorum munitionem contra Polonos intra Popradi, et Dunajeci confluentes erectam, duorum
adhuc milliarium spatio a Carpathorum, Poprado
perruptorum, serio distantem, populariter Schanz
dictam, perveniendo, eam perinde occupavit &c.
*Bardossy Observ. in Greg. Berſzevieztii libellum
de commercio et indutria Hung.*

mir Chyekarey, — welche aus Pohlen gekommen waren, ihr Glück am Hofe des Königs Bela zu suchen — im Besitze von Schopatak, nebst einem Theile des Salzbrunnens, soviel sie nämlich davon nußnießen konnten und wollten *). Im Jahre 1285 verlieh K. Ladislaus, der Kumaner, dem jungen Grafen Georg Ritsbán die drey königlichen Örter: Schowar, Schoschpatak und Delne sammt den daselbst befindlichen Salzgruben oder Salzbrunnen, mit dem Rechte, dieselben, falls er ohne leibliche Erben bleiben sollte, seinen Brüdern zuschenken, oder erblich zu hinterlassen **). Im Jahre

---

*) Testimonia sunt adjudicatoriae comitis Pauli iudicis curiae de anno 1298, quibus dicit, Chyekarey Hermanno, et Bogamirio fratribus suis Polonis, et de Polonia in Regnum Hungariae ad D. Belae Regis gratiam confluentibus, possessionem Soo-patak, cum parte salis putei. . . .Quondam Villae Regalis, . . .Sine haerede decedentis, pro usu ipsorum, quantum videlicet de eis uti possent, ad sufficientiam ex ipsius D. Belae Regis collatione pertinere. Caroli Fejervary Hist. Comitat. Sáross, necdum, Typis tradita.

**) — —Ipsi Magistro Georgio, et per eum suis heredibus, haeredumque suorum successoribus quasdam

1288 wurde diese Schenkung dem tapfern
Georg von dem nämlichen Könige zum Lohne

---

villas nostras Regales, Soóvár, Sowpotok et Det-
ne vocatas, in comitatu de Sarus existentes, si-
mul eum fodina seu puteo salis ibidem existente,
quamlibet earum cum suis utilitatibus, attinentiis,
et pertinentiis universis, sub metis antiquis et prio-
ribus distinctionibus terminorum dedimus, dona-
vimus, tradidimus, et contulimus jure perpetuo,
&c. . . . Fratribus suis, videlicet Boxa, Thomae
et Simoni Comitibus, liberam habere allegandi,
condonandi, facultatem." &c. *Carol. Wagner
Diplom. Comit. Saross.*

Dieser Graf Georg war einer von den sieben Söhnen des berühmten Grafen Simon
Mißbáns, deren interessanter Geschichte ich
hier glaube einen Platz einräumen zu können,
weil dieser eine und seine Nachkömmlinge
durch mehrere Jahrhunderte die rechtmässigen
Grundherren von Schwar gewesen sind. Ich
entlehne sie beynahe wörtlich von dem würdigen
Professor Cornides aus dem ungrischen Magazin (Band II. S. 145 u. f.): "Es kam einst zu
der Gemahlian des Grafen Simons eine arme
Weibsperson, die drey Kinder zur Welt gebracht
hatte, Almosen zu bitten. Die Gräfinn schalt
die Bettlerinn als eine, in ihren Augen unzüch-
tige Person aus, mit dem Beysatze, daß von einem Vater drey Kinder zugleich nicht erzeugt
werden könnten; welches ihr der Graf verwies.

seine Verdienste in den Kriegen wider Ottokar,
wider die Tartarn und wider Conrad, nebst ein

Kurz darauf gebar die Gräfinn nach einer langen
Unfruchtbarkeit sieben Söhne auf einmal. Über
diesen Zufall erschrocken, und des Vorwurfes, welchen sie der Bettlerinn gemacht hatte, eingedenk,
erwählte sie sich einen der neugebornen Knaben,
indeß sie die übrigen sechs einem alten Weibe
mit dem Befehl übergab, dieselben bey Verlust
ihres Kopfes heimlich aus dem Wege zu räumen.
—Die Vorsehung wollte, daß der Graf dem Weibe
begegnete, als er eben vom Felde nach Hause ritt.
Da er auf die Frage: was sie denn trage? eine
verdächtige Antwort erhalten hatte, stieg er vom
Pferde, sah die Kinder, und erfuhr die ganze
Sache. Nachdem er nun dem alten Weibe bey
Lebensstrafe befohlen, der Gräfinn zu versichern,
daß die Kinder aus dem Weg geschaft wären,
übergab er jedes einer besondern Säugamme, und
sorgte im Geheimen für ihre Erziehung. Als sie
schon etwas herangewachsen waren, veranstaltete
der Graf ein Gastmahl, zu welchem er sie alle
sechs, gleich ihrem zu Hause erzogenen Bruder
gekleidet, auf das Schloß bringen ließ. Da die
Gräfinn an diesen artigen jungen Herrchen ein
ungemeines Vergnügen bezeugte, weil sie dem ih-
rigen in allen Stücken so ähnlich waren, so frug
sie der Graf, was wohl derjenige verdiene, der
sechs so artige Kinder umbringen ließe? — worauf
die Gräfinn hastig einem solchen Mörder das To-

nem bis "Topl" sich erstreckenden Walde bestätigt, und ihm erlaubt, sich zu seinem Schutze eine Feste (Castrum) daselbst zu erbauen. Eine gleiche Bestättigung ertheilte ihm i. J. 1291 der nachfolgende König Andreas, mit eben den Grenzen, welche schon unter seinem Großvater,

desurtheil sprach. — Nun erklärte der Graf sie selbst für diese Schuldige, indem er ihr zugleich sein Abentheuer mit diesen sechs Kindern entdeckte. Die reumüthige Mutter warf sich bey dieser Entwickelung dem Grafen zu Füssen, und — erhielt wahrscheinlich Vergebung."

"Von diesen sieben Wundersöhnen Miskbán's stammten nachher die sieben Geschlechter: Esapi, Bocskay, Szörtey, Soós, Raslay, Eszeny und Kövesdy ab. Das Schöösische Geschlecht ist jenes des obgedachten Grafen Georgs, der Schowar erb- und eigenthümlich überkommen hat, und wovon noch heutiges Tages einige Individuen leben.

Übrigens ist diese Geschichte, so sehr sie auch das Ansehen eines Mährchens der Vorzeit hat, nichts desto weniger durch mehrere glaubwürdige Geschichtschreiber, durch gerichtliche und diplomatische Urkunden, durch Grabsteine, Wappen, und andere derley Beweisthümer dergestalt bekräftigt, daß man "beynah allen historischen Glauben aufgeben muß, wenn man noch daran zweifeln will." Das Ausführliche darüber kann am angeführten Orte nachgelesen werden.

dem Könige Bela, bestimmt wurden, und mit
dem Besitz des Salzbrunnens *).

Georg Mitzbán, der seit dieser Schenkung den Namen Schoofch de Schoowar
führte, hat nicht nur selbst die erhaltenen Güter
im Besitz genommen, sondern auch verschiedene
Theile derselben an andere abgetreten. So schenkte er namentlich im J. 1788 einem gewissen Peter Pirus in Rücksicht seiner treuen Dienste
einen Theil des Dorfes Enyeczke mit den dazu gehörigen Grundstücken; im J. 1298 aber
schenkte er mit Einwilligung aller seiner Bluts-
Verwandten, seinen Dienern Peter und Thomas das itzige Dorf Schalgow. Im darauf
folgenden Jahre überließ er seinem Schwestersoh-
ne Schynka, dem Stammvater der Harscha-
gischen und Schebeschischen Familie, nicht
nur die Hälfte einer großen Wiese, sondern auch
das Dorf Harschag nebst jährlichen 100 Mar-
ken von den Einkünften der Schowarer Salz-
quelle, und alle Sonnabend einen halben Kübel
Salzes; wobey er noch den Unterthanen des Hrn.

---

*) Carol. Wagner Diplomat, Comitat. Sarossiensis
ad A. 1288 & 1291.

Schinka die Erlaubniß ertheilte, zu jeder Stunde des Tages für ihren Gebrauch nach Belieben
aus dem Salzbrunnen, unentgeldlich Sole zu
hohlen *).

§. 3.

XV^{tes} und XVI^{tes} Jahrhundert.

Aus einer Protestations-Urkunde des Herrn
Schinka v. Schebesch, 1427 zu Scharos da-
tirt, wird ersichtlich, daß Peter und Niko-
kolaus Schvosch v. Schoo war in Verbindung mit dem Preßburger Probsten Ladislaus, und mit der Stadt Eperies,
auf dem Schebescher Territorium nach Salz und
Metallen geschürft haben **). Wahrscheinlich

----

*) Carol. Wagner Diplomat. Comit. Sarossiens. ad
Annum 1289.

**) Car. Wagner Dipl. ad A. 1428. Man hat um das
Jahr 1789 unweit Schebesch in einem ehemaligen
Teiche eine fünflöthige Soole entdeckt, und noch
heutiges Tags sind Viele der Meinung, daß man
dort nicht unbelohnende Versuche auf Steinsalz
oder eine Soolenquelle machen würde. Allein
wenn man den vergeblichen Schurf betrachtet,
welchen unsere königl. Arbeiter nicht in dem tief

gab diese Protestation, vielleicht auch Mißbrauch der den Schynkaischen verliehenen Benefizien, die erste Veranlassung, daß die Schwosche den Entschluß faßten, dieselben aus dem Mitbesitze der Salzquellen auszuschließen, welches ihnen unsägliche Mühe gekostet hat, bis endlich die Schebeschischen nach einem langen hartnäckigen Streite, im J. 1470 mittelst eines gütigen Vergleiches, gegen Abfertigung von 456 Goldgulden ihren Ansprüchen entsagten *).

Um das Jahr 1525 haben sich einige Eperieser Bürger und Insassen, während der Zapolyaischen Unruhen des Schowarer Schlosses bemächtigt, und selbes dem Stadtgerichte übergeben. Richter und Rath haben es, auf Befehl des

___

und eben liegenden Schebesch, sondern hier zu Schobanya auf einer Anhöhe hinter des königl. Waldmeisters Garten, in den Jahren 1775, 1776, 1777 mit vielem Aufwande von Geld und Mühe bis über die 74. Kl. gemacht haben, und wenn man die einstimmigen ältesten Gruben-Nachrichten erwägt, die da sagen, daß der beste Salzsegen gegen Morgen, mithin gegen das Gebirg zu, streiche, so hat man wohl Ursache die Richtigkeit dieser Urtheile in Zweifel zu ziehen.

*) Carol. Féjérvary Hist. Bott. Sáror.

Generals Catzianer, aller darin vorge-
fundenen Sachen entblößt, und diese dem Generalen eingehändigt. 1528 erhielten sie aber, mittelst des Zypser Domkapitels, den Befehl *), dieses Schloß denen Herren v. Schooschl wieder
in statu quo zum freyen Besitze zurückzustellen. "
Gleich mit dem Frühjahre 1537 fand sich der kö-
niglich Ferdinandische Feldobriste von Ebersdorf
nebst dem Kaspar Scheredi, nachmaligem Kommandanten zu Kaschau, in Eperies, mit ihren
untergebenen Völkern ein, und machten auf das
ganz nahe dabey gelegene, damals sehr feste
Schloß Schowar, das die Zapolyaischen inne hatten, einen Versuch, welcher dadurch, daß er
nicht gelungen, die Zapolyaische Parthey zu desto
kühnern anreizte " *). Bald darnach wurde es
jedoch bey fortwährenden Zapolyaischen Unruhen
von dem kaiserl. Generalen v. Fets mit Gewalt
erobert, und denen Eperiesern sammt allen dazu
gehörigen Besitzungen, Einkünften und Rechten,
vom König Ferdinand zuerkannt *). Allein auf

---

*) Wagner Diplomat.

**) Priv. k. k. Anzeigen, VI. Jahrgang, Seite 101.

***) Korabinsky's geographisch-historisches Produkten-
Lexikon.

denen zu Neusohl und zu Preßburg abgehalte-
nen Landtagen wurde die Zurückgabe der Al-
bert Schooschischen Antheile articulariter
beschlossen; mithin mußten sie die Eperieser zu-
rückgeben, aus dem Franz Schooschischen
Antheile aber wurden sie durch den Caschauer
Kommandanten verdrängt. Hierauf erließ König Ferdinand am 7ten Jänner 1544 aus Prag
ein eigenes Schreiben *) an die Eperieser, in
welchem er ihnen vollkommenen Ersatz aller ge-
habten Unkosten, nebst der richtigen Tilgung des
erhöhnen Darleihens zusicherte. — Endlich aber
ließ gedachter König dieses, seinen Waffen und
seiner Ruhe so nachtheilige Schloß 1547 unter
der Direktion des berühmten Schoowarer und
Schaaroscher Schloß = Kommandanten Georg
Wernher s gänzlich demoliren. *)

Vermög eines königl. Befehles vom Jahre
1575 sollte Schoowar wegen entdeckten Stein-
salzes dem Schaaroscher königl. Schloßgebiete zu-
getheilt werden; allein die Schooschische Familie wich diesem Befehle für jenesmal noch mit ei-

---

*) Wagner Dipl.
**) Korabinsky Lexikon.
Sred. I. B.   M

ner Repulsion aus. Um das Jahr 1580 hatte Georg Bornemiſta von Thernye,
und deſſen Gemahlin Margareth Devenyi,
den Genuß der Salzquellen von denen v. Schoosch
in jährlichem Pacht. Auſſer dieſen genoß auch
die Schaaroſcher Geſpanſchaft das
Eigenthumsrecht von einer der hieſigen Salzquellen *). Doch konnte bisher weder der Urſprung,
noch das Ende dieſes Rechtes entdeckt werden.
Aus dem Gebrauche desſelben mag wohl ſpäterhin
die Gewohnheit entſtanden ſeyn, den geſpan-
ſchaftlich ordentlichen Magiſtratualen
ein gewiſſes Salz - Quantum aus der Schowarer Saline abzureichen, welche Gewohnheit
erſt in neuern Zeiten eingeſtellt worden iſt. Allem Anſcheine nach iſt nicht nur die Geſpanſchaft, ſondern auch das Schooſchiſche
Geſchlecht zu Ende des 16ten Jahrhunderts
aus dem Beſitze des Salzbrunnen - Eigenthums
gekommen, und das ganze hieſige Salz - Ge-
fäll in königl. Hände übergegangen, ohngeachtet die Herren v. Schoosch, wie ich weiter un-

*) Car. Féjérvary Historia (Manuscriptæ) Comit.
Saross.

ten zeigen werde, noch in neuern Zeiten einige
Grundantheile hier besaßen.

§. 4.

Öftere Änderungen der innern Verwaltungsart im XVIIten und XVIIIten Jahrhunderte.

Seitdem unterlag S ch o o w a r in Anbe-
tracht seines politischen Zustandes keinem andern
Schicksale, als mancherley Abwechslungen der
innern Verwaltungsart. So z. B. wurde es im
Jahre 1696 von einem V e r w a l t e r a m t e
versehen, das seine unmittelbaren Befehle von
der C a sch a u e r K a m m e r a l s A d m i n i s t r a-
t i o n erhielt. Um das Jahr 1721 scheint es,
nach einem vorhandenen Kommissions-Berichte
des Schmölnitzer Verwalters L e o p o l d H e r-
g e r s zu urtheilen, unter der k. k. H o f k a m-
m e r in M ü n z- und B e r g w e s e n gestanden
zu haben. 1722 wurde S ch o w a r schon durch
die kaiserl. Universal-Bankalität mittelst des königl. Oberungrischen Salzinspektors auf den
k. Kammeral-Herrschaften L i k a w a und Ro-
s e n b e r g Verwalters Herrn C o n r a d v. Me-
z e r n geleitet. 1735 hat die kaiserl. Hofkammer die Schowarer Saline sammt ihren Filialen

und dem herrschaftl. Wirthschaftsamte auf so lang
der k. k. Ministerial = Banko = Deputation Jure Hypothecae et inscriptionis
übergeben, bis alle Bankalschulden gezahlt werden würden. Das hiesige Oberamt wurde mit
seiner Amtskorrespondenz an den, im Rosenberg
stazionirten Inspektor angewiesen, durch welchen
es die höhern Befehle erhielt. Vom Jahre 1739
erscheint eine Caschauer Administrations = Verord-
nung, aus welcher sich schließen läßt, daß dieser Rosenberger Inspektor seine Weisungen von
dorther erhalten habe, welches rücksichtlich auf
Schowar ein ziemlicher Umweg gewesen wäre.
Um eben dieses Jahr wurde das Schowarer Do-
minium an den benachbarten Harschager Edelmann
Ladislaus Baturneczky für 4000 fl.
verpachtet. Das Berg = und Hüttenamt bildete
eine eigene, von dem Salzverschleiße nicht abhän-
gige Branche. 1741 wurde Schowar durch den
k. k. Hofkammer = Sekretär, nachherigen Hofkammer = Rath, und von der Ministerial = Banko = Deputation aufgestellten oberungrischen Salz-
wesens = Administrator Herrn Jacob Bene-
dikt v. Nessern, von Brünn aus verwaltet. 1750 kam die Saline sammt allen Fi-

lial-Legstädten und sammt der Herrschaft, unter dem Präsidium des Grafen Anton v. Graschalkowitsch, wieder an die königl. ungrische Hofkammer zurück. Von 1785, bis 1794 stand sie unter dem Schmölnizer Ober-Inspektorate, und hing also von der k. k. Hofkammer im Münz- und Bergwesen ab, während welcher Zeit ein Oberhüttenmeister allen hiesigen Amtsgeschäften vorstand. Endlich aber kam sie im letztgedachten Jahre an die königl. ungrische Hofkammer zurück.

§. 5.
Heutige Verfassung.

Dermahlen ist Schowar mit Inbegrif der fünf dazu gehörigen Dörfer Gulwiß, Kutaschdorf, Abrahamsdorf, Erdötschke, und Neudorf oder Schoosch (Upfalu) ein königl. Salz-Kammergut, dessen Gebiete sich etwas über vier deutsche Meilen im Umfange erstreckt, und welches, unmittelbar von den Befehlen der königl. ungrischen Hofkammer abhängig, seit 1799 wiederum durch ein Inspektorat-Oberamt verwaltet wird. Unter diesen stehet dann die Verschleiß-Kassa, das herrschaftliche Hofrichteramt, das Wald- und Hüttenamt, die Waagmeisterey—, kurz, alle übrige Beamte, Subalterne, und Gemeinde-Korporationen.

Die erste und beträchtlichste Gemeine bewohnt den sogenannten Salzhandel, worunter man denjenigen, erst während des Bergbaues entstandenen Theil des Fleckens verstehet, in welchem sich der Salzbrunnen, die Siedhäuser, Ämter, Magazine, Beamten- und Arbeiters-Wohnungen, nebst etlichen Professionisten und Insassen befinden, die größtentheils noch aus den Zeiten des Bergbaues herstammen. Vermöge der neuesten königl. Verordnungen wird aber in Zukunft die hiesige Ansäßigkeit platterdings Niemanden gestattet, der nicht bey der Werksmanipulation unumgänglich nöthig ist. Dieser sogenannte Salzhandel hat seine eigene auf Kosten der Gemeine erbaute und unterhaltne Kirche, seine Richterschaft, so wie auch eigene von Sr. Majestät, dem jetzt regierenden König, ihm theils bestätigte, theils neu ertheilte Privilegien und Satzungen, ohne einer andern Jurisdiktion, als seinem Lokal-Inspektorat-Oberamte zu unterliegen. Zum Unterschied von der zunächst daran stoßenden Abtheilung des Ortes, pflegt man

diesen Salzhandel auch Schobanja (Salzgrub,
Salzberg) zu nennen.

Die zweyte hiesige Gemeine bildet das von
den unterthänigen königl. Kammeral Bauern und
Häuslern slowakischer Nation bewohnte Dorf,
oder das eigentliche nach heut zu Tage sogenannte Sovar. Hier war es, wo nach der gemeinen
Tradition auf einer Anhöhe in der Gegend des
dermahligen Ziegelofens jene arpadische Burg gestanden seyn soll, *) an deren Stelle man in
neuern Zeiten eine dem heutigen Könige Ste-

---

*) Mir scheint, daß diese Arpadische Gränzburg von
jenem Schloße (Castrum) zu unterscheiden sey,
welches König Ladislaus der Kumaner
dem Grafen Georg Mizban im Jahre 1288
zu seinem Schutze zu bauen erlaubte, und daß sie,
wie wir oben gesehen haben, eine so wichtige Rol-
le in der Geschichte gespielet hat. Dieses letztere scheint Graf Georg auf dem itzt sogenannten
Neudorfer Fels gebauet zu haben, wo nach heutiges Tages die Ruinen eines starken, schwer zu-
gänglichen Schlosses zu sehen sind. Wahrscheinlich war zu Zeiten der königl. Schenkung die unter Arpad bekannte Burg schon im schlechten Zu-
stande, und das Lokale für die Zeiten des Georg Mizbans und was eins ist, des Georg
Schoofch de Schoow'ar nicht mehr angemessen.

phan geweihete Kirche erbauet hat. Hier be=
findet sich auch das alte herrschaftliche Hofrichter=
amt, der königl. Speicher, das Bräu = und
Brandtweinhaus, nebst einer zweyten 1413 durch
einen Herrn Schoosch de Schoowar er=
bauten Kirche zur heil. Dreyfaltigkeit. Dieser
Theil des Orts genießt alle Rechte anderwärtiger
Kammeralbesitzungen, so wie er auch alle landes=
üblichen Lasten trägt. Verwaltet wird er unmit=
telbar durch das dem Inspektorate untergeordnete
herrschaftliche Hofrichter= oder Verwalteramt.

Die dritte endlich ist die deutsche, ur=
sprünglich aus 48 Familien bestehende Ge=
meine, die im Jahre 1785, zu besserer Em=
porbringung der Feldwirthschaft, von Joseph II.
hieher gezogen, nach Art aller im Lande ange=
delten Colonisten mit Grundstücken und Hornvieh
versehen, mit 10 steuerfreyen Jahren begünstigt,
und in einer, an das erst bemeldte Schoowar
anstossenden, eigens für sie gebauten, regulären,
weiten Gasse untergebracht worden ist. Auch die=
se, nunmehr schon unterthänige Kolonisten wer=
den wie die slovakischen Unterthanen behandelt.
Da sie größtentheils katholischer Religion sind,

so gehen sie zum Gottesdienst in eine der genannten drey Kirchen.

Schluß-Anmerkung.

Das, sowohl im neuen deutschen Mercur, als auch in Zachs Korrespondenz von einem, mir unbekannten Freunde vorläufig angekündigte Zipser Idiotikon von Herrn Professor Rumi habe ich darum nicht abdrucken lassen, weil die Nachträge in der Zeitschrift von und für Ungern (siehe October und November Heft) welche sowohl Herr Professor Genersich, als auch Hr. Rumi daselbst abdrucken ließen, dasselbe überflüßig machen, so gründlich und brav es auch abgefaßt seyn mag. Zudem bin ich der Überzeugung, daß für diesen Gegenstand genug geschehen sey. Es steht nun zu erwarten, daß ein gelehrter historischer Sprachforscher die Folgerungen gründlich ableite, die aus einem Idiotikon, wie wir es jetzt von dem Zipser Dialekte haben, hergeleitet werden können, ohne zu viel Gewicht auf dasselbe legen.

Schlüßlich muß ich noch meinen geehrten Lesern anzeigen, daß ich in einigen Wochen Wien verlassen, nach meinem neuen Bestimmungsorte

(Krakau) reisen, und von dort aus die Heraus-
gabe der Beyträge besorgen werde. Ich erkläre
letzteres ausdrücklich darum, damit es einem schreib-
lustigen Landsmanne (denn die Journalfabrik-
Sucht fängt an leider auch bey uns schon zu gras-
siren) nicht einfalle, die Beyträge fortsetzen zu
wollen.

Wien den 18. März 1805.

Bredezky.

———————

Wien,

gedruckt in der v. Kurzbek'schen Universitäts-
Buchdruckerey.

CPSIA information can be obtained
at www.ICGtesting.com
Printed in the USA
BVOW04s1530040917
493890BV00018B/523/P